Günter Kirschbaum

Härtetest für Unternehmensgründungen

vor dem entscheidenden Schritt
in die Selbständigkeit

Günter Kirschbaum

Härtetest für Unternehmensgründungen

vor dem entscheidenden Schritt
in die Selbständigkeit

© 2006 Alle Rechte vorbehalten

RKW-Verlag

Düsseldorfer Straße 40
65760 Eschborn

RKW-Nr. 1501
ISBN 3-89644-248-1

Layout: RKW, Eschborn
Druck: Klarmann Druck, Kelkheim

Inhaltsverzeichnis

		Seite
1	**Vorbemerkungen**	**7**
1.1	Erste Vorüberlegungen vor dem entscheidenden Schritt	7
1.2	Die Selbständigkeit - Gratwanderung oder Königsweg zum Erfolg	9
1.3	Die zehn Gebote des Existenzgründers - Faustregeln für den Erfolg	10
1.4	Das magische Dreieck des Gründungserfolgs	13
1.4.1	Die erfolgversprechende Gründungsidee	15
1.4.2	Die unternehmerische Eignung der Person	15
1.4.3	Die Marktfähigkeit der Produkte	15
1.4.4	Die Tragfähigkeit der Finanzierung	15
2	**Gründungs-Idee**	**16**
2.1	Ein Traum soll Wirklichkeit werden	16
2.2	Die Überprüfung der Gründungsidee	18
2.2.1	Die Anforderungsliste als Pflichtenheft	18
2.2.2	Die Rangordnungsmethode	19
2.2.3	Die Einfühlungsmethode oder die Sache mit der Begeisterung	22
3	**Persönliche Eignung**	**24**
3.1	Ihre unternehmerischen Fähigkeiten - Schlüssel zum Erfolg	24
3.2	Prüfkriterien für die unternehmerische Eignung	25
3.3	Die Überprüfung der Unternehmer-Eignung	25
3.3.1	Die Auswahlkriterien der Banker	25
3.3.2	Die Ansätze der Verhaltensforschung	26
3.3.3	Anforderungsprofil versus Persönlichkeitsprofil	28
3.3.4	Ihr Stärken- und Schwächenprofil	32
3.3.5	Die kritische Selbstprüfung als Schnellanalyse	33
4	**Gründungsmarketing**	**76**
4.1	Der Markt, das unbekannte Wesen	76
4.2	Die Produkt-Idee - Problemlösungen aus Kundensicht	81
4.3	Die Überprüfung der Produktidee	85
4.3.1	Neuheitswert	86
4.3.2	Reifegrad	86
4.3.3	Bedarfsstruktur	87
4.3.4	Konkurrenzsituation	88

5	**Gründungsfinanzierung**	**91**
5.1	Das erforderliche Startkapital	91
5.1.1	Die notwendigen Investitionen	92
5.1.2	Der Betriebsmittelbedarf	94
5.2	Die Bereitstellung der notwendigen Finanzmittel	96
5.2.1	Eigenkapital	96
5.2.2	Fremdkapital	97
5.2.3	Fördermittel	98
5.3	Die Überprüfung der finanziellen Basis	99
5.3.1	Kapitaldeckungsgrade	99
5.3.2	Sicherungswerte	100
6	**Abschlusstest**	**102**
6.1	Der erste Testlauf vor dem Ausstieg zum Einstieg	102
6.2	Die Prüfkriterien für den Erfolg	102
6.2.1	Mindestumsatz und Liquiditätsreserven	102
6.2.2	Gewinnschwelle und Rentabilität	103
6.3	Ihr Unternehmen auf dem Prüfstand	103
6.3.1	Fähigkeitsprofil: PERSON	104
6.3.2	Fähigkeitsprofil: MARKT	105
6.3.3	Fähigkeitsprofil: GELD	106
6.4	Die Gründungsentscheidung am Point of no Return	108

1 Vorbemerkungen

1.1 Erste Vorüberlegungen vor dem entscheidenden Schritt

Ein erstes und wichtiges Anliegen unseres Härtetests ist es, dass wir Ihr Gründungsvorhaben vor dem entscheidenden Schritt in die Selbständigkeit zunächst einmal auf den Prüfstand stellen und dabei jeden einzelnen Punkt Ihres Vorhabens mit einem klaren und kritischen Blick betrachten. Dazu werden wir die rosarote Brille ausziehen, denn die Statistik lehrt uns, dass fast die Hälfte aller Neugründungen schon nach kurzer Zeit scheitert.

Gründe dafür gibt es viele. Selten sind es Ideenarmut oder unzureichendes Engagement. Entscheidend sind hingegen meist unzureichende betriebswirtschaftliche Kenntnisse oder eine Fehleinschätzung des Marktes. Ein häufiger Scheiterungsgrund war in der Vergangenheit aber auch der allzu schnelle und vor allem nicht gründlich genug überprüfte Start in die Selbständigkeit. Daher sollten Sie Ihre Gründungsidee schon vor dem ersten Schritt kritisch prüfen und nicht nach der sogenannten **„Hummel-Theorie"** starten. Die Hummel-Theorie besagt nämlich, dass bei den Hummeln ein deutliches Missverhältnis zwischen Körpergewicht und Flügelgröße besteht, so dass sie eigentlich gar nicht fliegen können dürften. Aber man muss wohl vergessen haben, das den Hummeln zu sagen. Die sind einfach losgeflogen und halten sich nach Ansicht der Experten nur durch die Hochfrequenz ihres Flügelschlags in der Luft. Dieser Vergleich mit den Hummeln trifft auf so manchen Existenzgründer zu, der auf der Grundlage dieser Theorie seine Existenz aufgebaut hat und vorschnell gestartet ist. Hätte man deren Gründungskonzept vor dem Start geprüft, so hätte man angesichts der gravierenden Missverhältnisse - zum Beispiel zwischen Finanzmittelbedarf und verfügbarem Startkapital - vom Vorhaben abgeraten. Leider haben diese Gründer aber ihr Konzept vorher nicht überprüft und auch niemanden zu Rate gezogen. Sie haben im Schnellstart gegründet und sind wie die Hummeln einfach losgeflogen. Anschließend erfolgte dann ein Blindflug durch die Turbulenzen der Frühentwicklung, bei dem sie sich wie die Hummeln nur noch mit **Hochfrequenz ihres Flügelschlages** über Wasser halten konnten. Die wenigen Existenzgründer, die nach der Hummel-Methode mit ihrem Unternehmen überlebten, konnten zweifellos eine Menge wertvoller Praxiserfahrungen hautnah sammeln. Nur zeigt die Insolvenzstatistik junger Unternehmen, dass Gründungen, die nach dieser Trial-and-Error-Methode gestartet waren, leider nicht lange überlebt haben.

Daher möchten wir Sie mit unserem **„Härtetest für Unternehmensgründungen"** vor dem entscheidenden Schritt in die Selbständigkeit zu selbstkritischen Reflexionen anregen und alle noch so euphorisch gestimmten Existenzgründungsträumer auf den Boden der Tatsachen zurückholen. Dazu wollen wir uns zunächst einmal anschauen, wie denn eine neue Unternehmung entsteht und wo im Entstehungsprozess welche Probleme auftreten, die es noch vor dem Start zu beseitigen gilt. Im Bild 1 haben wir eine idealtypische Entwicklung einmal graphisch darstellen. Hieraus sollte auch deutlich werden, wo unser Härtetest nach der Entwurfphase, aber noch vor der konkreten Gründungsplanung ansetzt.

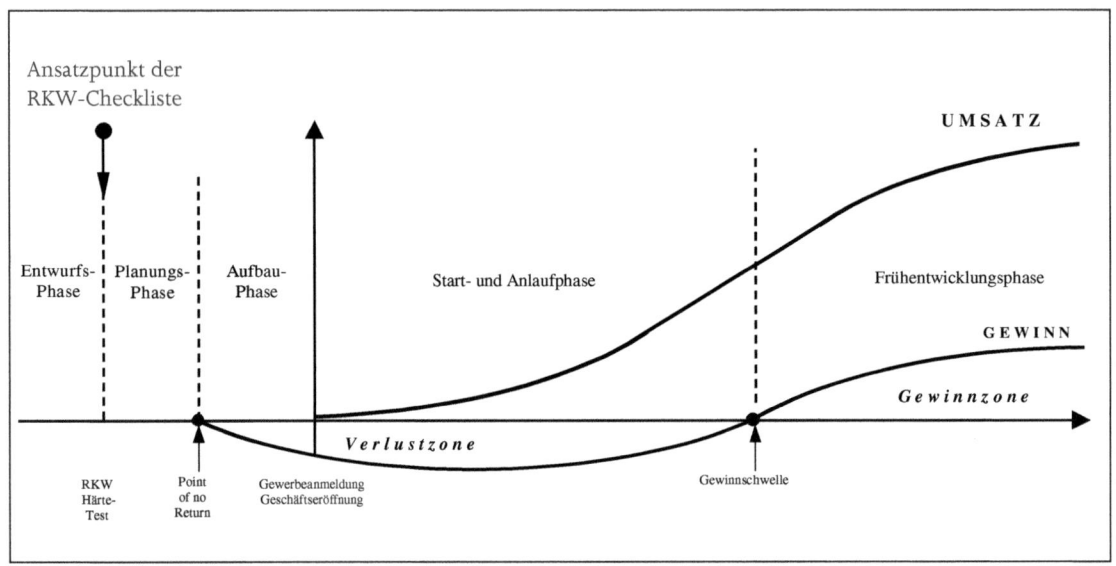

Bild 1: Idealtypische Entwicklung

Wir haben umfangreiche Checklisten, Prüfbögen, Bewertungsprofile usw. für Sie vorbereitet und möchten Ihnen damit eine fundierte Entscheidungsgrundlage zur kritischen Überprüfung Ihres Vorhabens an die Hand geben. Daneben gibt es zahlreiche Tipps und Hinweise, aber auch praktische Ratschläge zu den Chancen und Risiken einer Existenzgründung und das erforderliche Basiswissen zum Marketing. Gleichzeitig versuchen wir - quasi „en passant" – Ihnen dabei auch die notwendigen betriebswirtschaftlichen Grundkenntnisse zu vermitteln.

So weist unsere Broschüre auch auf die besondere Bedeutung eines soliden finanziellen Fundaments hin und warnt davor, die Bedeutung und Macht des Fiskus zu unterschätzen, damit nicht nach der ersten Einkommen- oder Umsatzsteuererklärung die rote Fahne für das Unternehmen winkt.

Ihr beabsichtigter Sprung in die Selbständigkeit ist sicherlich zu begrüßen. Es sollte nur kein Sprung ins eiskalte Wasser werden - kalt wird es aber auf jeden Fall sein. Um Ihnen hierbei eine erste **Aufwärmhilfe** zu geben, haben wir die vorliegende Broschüre als „*Härtetest*" entwickelt. Wir können damit zwar den Erfolg nicht garantieren, die Chance eines Misserfolgs wollen wir aber deutlich reduzieren, denn die meisten Gründungsfehler sind vermeidbar.

Vor diesem Hintergrund war es unser vornehmliches Anliegen, allen, die den Sprung in die Selbständigkeit wagen wollen, schon weit im Vorfeld erster Startvorbereitungen die Möglichkeit zu geben, Chancen und Risiken einer Existenzgründung etwas deutlicher zu erkennen und realistischer einschätzen zu können.

1.2 Die Selbständigkeit - Gratwanderung oder Königsweg zum Erfolg

Bevor Sie starten, werden Sie sich zunächst einmal darüber klar, was Sie denn eigentlich vorhaben, denn der Weg in die Selbständigkeit ist in aller Regel eine Gratwanderung über Höhen und Tiefen und kein Königsweg zum Erfolg. Für die meisten erfolgreichen Existenzgründer war der Weg in die Selbständigkeit zwar lang und steinig, aber gangbar. Sie verfügten allerdings von Anfang an über die notwendige unternehmerische Grundhaltung und hatten auch eine ganze Menge Stehvermögen und eine gute Portion Enthusiasmus.

Auch bei Ihnen wollen wir daher zunächst einmal die wichtigsten Grundsatzfragen einer Existenzgründung klären und stellen zunächst einmal die Gewissensfrage:

> **Was erwarten Sie von Ihrem Schritt in die Selbständigkeit?**

Ist dieser Weg überhaupt eine sinnvolle Alternative zu Ihrem jetzigen Berufsleben oder sollten Sie nicht lieber bei Ihrer bisherigen Beschäftigung bleiben?

Bevor Sie sich auf den steinigen Weg in die Selbständigkeit begeben, sollten Sie diesen wichtigen Schritt reiflich überlegt haben, denn entscheidend für den Erfolg ist keineswegs nur eine brillante Geschäftsidee oder eine ausgewogene Finanzierung, sondern in erster Linie ein ausgereiftes Gesamtkonzept. Wichtiger noch als Geld und Ideen ist daher, die eigenen Voraussetzungen gründlich zu prüfen, den Aufbau Ihres Unternehmens präzise vorzubereiten und den Start professionell zu managen.

Sie sollten sich daher ernsthaft fragen, wie dieser Weg für Sie persönlich aussieht. Was erwarten Sie von der Selbständigkeit, mit welchen Problemen rechnen Sie jetzt schon fest, welche Schwierigkeiten können eventuell auftreten und wann gilt es, welche Hürden wie zu nehmen?

Wir wollen weiter fragen, wie denn aus der Idee in Ihrem Kopf ein erfolgreiches Unternehmen werden soll, d.h., in welchen Phasen läuft eine Existenzgründung in aller Regel ab, welche Probleme treten dabei zwangsläufig auf und wie müssen diese von Ihnen gemeistert werden.

Bevor Sie aber mit der Bearbeitung der einzelnen Kapitel beginnen, beantworten Sie sich selbst zunächst einmal folgende Fragen:

⇨ Was will ich mit meiner Existenzgründung überhaupt erreichen?
  - Ist es die Verwirklichung eines schon lange gehegten Lebenstraums?
  - Ist es der Drang nach Unabhängigkeit und Erfolg im Leben?
  - Ist es der Lockruf des großen Geldes mit Reichtum und Vermögen?
  - Ist es die letzte Alternative nach einer erfolglosen Jobsuche? usw. usw.

⇨ Wie viel Zeit, Geld und Mühsal bin ich bereit dafür einzusetzen?
  - Wie viele Stunden täglich will ich daran arbeiten?
  - Über wie viel Kapital verfüge ich und wie viel davon will ich einsetzen?
  - Bin ich hinreichend stressstabil für die enormen Belastungen der Aufbauphase?

⇨ Wann will ich mit meinem Vorhaben anfangen?
- Wie lange Vorbereitungszeit benötige ich?
- Wie lange wird es dauern, bis erste Gewinne erwirtschaftet werden?

⇨ Wen will ich in meine Existenzgründung mit einbeziehen?

⇨ Welche Schwierigkeiten sind zu erwarten?

⇨ Wann werde ich überprüfen, ob alle Zwischenergebnisse eingehalten wurden?

> **Patentrezepte für den erfolgreichen Weg in die Selbständigkeit gibt es nicht!**

Was Sie jedoch unbedingt wissen sollten, um die gröbsten Fehler zu vermeiden, haben wir für Sie zusammengetragen. Wir beginnen mit Ihrer Gründungsidee und der Überprüfung ihrer Erfolgsaussichten. Beschäftigen uns dann mit Ihrer persönlichen Eignung als Unternehmer, überprüfen die Marktfähigkeit Ihrer Produkte und testen die Tragfähigkeit Ihrer Finanzierung.

Aus Gründen der Vereinfachung und besseren Lesbarkeit sprechen wir im folgenden vom Existenzgründer und meinen damit Existenzgründer und Existenzgründerinnen gleichermaßen, denn wir wissen nur zu gut, dass es trotz männlicher Dominanz auf diesem Gebiet auch eine ganze Menge erfolgreicher Existenzgründerinnen gibt, die wir mit dieser (Global)Bezeichnung auch ansprechen wollen.

Bevor wir aber mit der eigentlichen Arbeit an Ihrem Gründungskonzept beginnen, vorab noch ein paar wichtige Gründungsgrundsätze.

1.3   Die zehn Gebote des Existenzgründers · Faustregeln für den Erfolg

1. Rechnen Sie nicht mit dem Glück

> **Glück hat keinen Plural. Auf eine Tellerwäscherstory kommen 100 Fehlschläge.**

Der Schritt in die unternehmerische Selbständigkeit ist eine zu wichtige Entscheidung in Ihrem Leben, als dass Sie sie dem Zufall oder dem sogenannten Glück überlassen sollten. Natürlich haben manche Glück und treffen das Richtige. Aber auf jede „Tellerwäscherstory" kommen Hunderte von Fehlschlägen für diejenigen, die im Vertrauen auf das Glück die falsche Idee in der falschen Umgebung unter falschen Voraussetzungen zum falschen Zeitpunkt gewählt haben.

2. Kalkulieren Sie Ihr Risiko

> **Das Gründungsrisiko muss auf zwei Jahre begrenzt sein.**

Der Weg in die Selbständigkeit ist nicht nur mit verbesserten Chancen als Unternehmer, sondern immer auch mit einem besonderen Risiko verbunden. Ohne Risiko gibt es keine Chancen. Je höher aber die Erfolgschancen sind, um so höher ist in aller Regel auch das damit verbundene Risiko. Daher muss für Sie in jeder

Situation das Gründungsrisiko überschaubar bleiben. Das heißt konkret: Falls Ihr Weg in die Selbständigkeit scheitert, sollten Sie nach zwei Jahren harter Arbeit alle Schulden wieder zurückgezahlt haben!

3. Hüten Sie Ihr Geheimnis

Schützen Sie Ihre Idee als Ihr geistiges Eigentum vor jedem Fremdzugriff. Eine gute Gründungsidee ist nur solange eine erfolgversprechende Basis für eine unternehmerische Vollexistenz, solange nicht andere Ihre Marktlücke vorzeitig besetzen. Das Gleiche gilt auch für Ihren persönlichen Entschluss, selbständig zu werden. Reden Sie erst dann in Ihrem Betrieb darüber, wenn die endgültige Entscheidung gefallen und der Plan unumstößlich ist, denn auf Ihrem langen Weg in die Selbständigkeit sind Sie noch auf so manches Monatsgehalt angewiesen. Überdies sollten Sie durch eine allzu frühzeitige Bekanntgabe im Kollegenkreis Ihren Chef nicht verärgern. Er könnte Ihnen im späteren Geschäftsleben noch einmal nützlich sein.

> **Wenn du das Wasser trinkst, vergiß nie, wer den Brunnen gegraben hat!**
>
> (Altes chinesisches Sprichwort)

4. Prüfen Sie Ihre Eignung als Unternehmer

Zum erfolgreichen Unternehmer gehört eine leistungsfähige Unternehmerpersönlichkeit, denn der Weg in die Selbständigkeit ist nicht mit einem Jobwechsel vergleichbar. Existenzgründer sind eher mit zukünftigen Rennstallbesitzern zu vergleichen: Sie wollen Pferderennen gewinnen, die erst in ein paar Jahren stattfinden, auf einer Rennbahn, die noch gebaut werden muss und mit Pferden, die erst noch geboren werden müssen. Erschwerend kommt dann meist noch hinzu, dass bis zu Beginn des Rennens die Regeln geändert wurden, die Bahn verlängert ist und statt Pferden Windhunde starten.

> **Existenzgründung ist nichts für Leute mit Vollkasko-Mentalität.**

Dies alles ist nichts für Leute mit Vollkasko-Mentalität, die sichere Jobs lieben, in denen sie ruhig ihrer Pensionierung entgegenträumen können.

5. Entwickeln Sie Ihre persönlichen Stärken

Erkennen Sie Ihre Stärken und nutzen Sie diese für den Aufbau Ihres Unternehmens. Werden Sie sich bewusst, dass Sie gegenüber allen schon etablierten Unternehmen den großen Vorteil Ihres starken persönlichen Engagements haben. Entwickeln Sie durch Selbstmotivation und Willenskraft Ihre eigenen Fähigkeiten. Die Stärken eines Existenzgründers liegen nun mal in seiner Motivationskraft, mit der er zäh und entschlossen alle Schwierigkeiten überwinden kann und in aller Regel auch die besseren Ergebnisse erzielt.

> **Durch eine Inventur Ihrer Begabungen wecken Sie verborgene Fähigkeiten.**

6. Begeistern Sie Ihren (Ehe)Partner

> Beteiligen Sie Ihren (Ehe)Partner.

Jede Existenzgründung bedeutet eine ungeahnte Belastungsprobe für die Partnerschaft. Auf Ihrer Gratwanderung zwischen Erfolg und Misserfolg brauchen Sie nichts dringender als einen verständnisvollen Partner, der bereit ist, mit Ihnen gemeinsam alle Sorgen und Nöte bei der Geburt Ihrer Unternehmung, aber auch während der Frühentwicklung mit all den Kinderkrankheiten zu teilen. Überlegen Sie, ob es sinnvoll ist, Ihren (Ehe)Partner nicht zuletzt aus Gründen der Partnermotivation schon am Aufbau des Unternehmen zu beteiligen.

7. Bauen Sie keine Luftschlösser

> Luftschlösser haben keine Fundamente.

Wir wollen keine Luftschlösser bauen, sondern unser Vorhaben von Anfang an auf ein solides Fundament stellen. Daher lautet ein wichtiger Grundsatz: Die berufliche Selbständigkeit muss stets zu einer langfristig tragfähigen Vollexistenz führen. Nur die Vollexistenz kann auf die Dauer befriedigen und bietet die Chance, all die Ideen zu verwirklichen, die Sie mit der Gründung einer eigenen Unternehmung verfolgen wollten. Ein Luftschloss unterscheidet sich von einem soliden Bauwerk, denn Luftschlösser haben keine Fundamente.

8. Achten Sie stets auf Marktfähigkeit

> Der Wurm muss dem Fisch und nicht dem Angler schmecken.

Ihr Blick als Unternehmer sollte ständig auf den Markt gerichtet sein und die Blickrichtung muss stets von der Nachfrage her erfolgen. Sie verkaufen keine Produkte, sondern Problemlösungen für Ihre Kunden. Vergleichen Sie also Ihre exzellenten Produkte oder Dienstleistungen mit all ihren hervorragenden Eigenschaften nicht mit den Produkten oder Dienstleistungen der Konkurrenz, sondern fragen Sie stets: Welche Probleme haben meine Kunden und welchen Beitrag zur Problemlösung bietet mein Produkt? Diese bedarfsorientierte Sicht des Marktes durch die Brille des Kunden ist eine wichtige Voraussetzung für erfolgreiche Unternehmen. Das tollste Produkt nutzt nichts, wenn der Markt nicht reagiert.

9. Nutzen Sie die Größe der Kleinen

> Klein und flexibel ist besser als groß und schwerfällig.

Die Größe der Kleinen liegt in ihrer hohen Flexibilität, blitzschnell auf Veränderungen im Markt zu reagieren. Der große Konzern ist vergleichbar mit einem Riesentanker, der zur leichten Kursänderung gleich mehrere Kilometer braucht, während das kleine Schnellboot fast auf der Stelle eine Kehrtwendung vollziehen kann. Das ist Ihre Stärke, und die gilt es, von Anfang an zu nutzen.

10. Starten Sie nicht ohne qualifizierte Beratung

Lassen Sie die Tragfähigkeit Ihrer unternehmerischen Basis vor dem Start überprüfen, um festzustellen, ob Ihr Vorhaben eine tragfähige Grundlage für eine unternehmerische Vollexistenz abgibt. Als Hilfsmittel dazu haben wir diesen Härtetest entwickelt. Sollte sich dabei im Ergebnis zeigen, dass Ihr Gründungsvorhaben erfolgversprechend ist, dann liegt alles nur noch an der richtigen Umsetzung des Konzeptes. Da aber niemand als Unternehmer geboren wird, muss man auch dieses *Handwerk* erst einmal lernen, denn auf dem Weg in die unternehmerische Selbständigkeit gibt es viele Tücken und Hemmnisse zu überwinden. Nutzen Sie daher die Erfahrung versierter Berater, die Ihnen auch das RKW zur Verfügung stellt, denn es geht um viel Geld, um Ihr Geld, und das muss wohlüberlegt eingesetzt werden.

> **Starten Sie gut vorbereitet, aber nicht ohne qualifizierte Beratung.**

1.4 Das magische Dreieck des Gründungserfolgs

Ein Unternehmen ist nur so gut wie die Planung, die seiner Gründung vorausgegangen ist. Und das Ergebnis dieser Planung ist dann das Gründungskonzept, oder auf Neuhochdeutsch ausgedrückt, der Businessplan. Und den gilt es, schon im Entwurfsstadium kritisch zu überprüfen. Daher sollten Sie vor dem eigentlichen Testlauf genügend Zeit für die Vorbereitung Ihres Vorhabens einkalkulieren, denn die Anforderungen an eine solide Gründungsplanung werden leider allzu häufig unterschätzt.

Ähnlich wie der Architekt und sein Statiker vor dem Bau eines neuen Eigenheimes zunächst erste Entwürfe anfertigen, eine Planung erstellen und diese dann mit Hilfe statischer Berechnungen auf Tragfähigkeit prüfen, wollen wir gemeinsam die *Architektur* Ihres zukünftigen Unternehmens entwerfen und im Härtetest überprüfen.

Wir werden also die Erfolgsaussichten Ihres Vorhabens auf der Grundlage des von Ihnen erarbeiteten Gründungskonzeptes *„vor dem entscheidenden Schritt in die Selbständigkeit"* gründlich testen.

Zu diesem Zweck wollen wir die drei wichtigsten Säulen Ihrer Existenzgründung kritisch auf ihre Tragfähigkeit überprüfen. Ihre Unternehmereignung wird hier ebenso getestet wie die Marktfähigkeit Ihrer Produkte oder Dienstleistungen und die Schlüssigkeit der Finanzierung.

Dies bedeutet, unser Härtetest zur Überprüfung der Tragfähigkeit Ihrer Gründung basiert auf drei Säulen, die das Fundament Ihres Vorhabens bilden. Diese drei Säulen lassen sich zur besseren Veranschaulichung an einem praktischen Beispiel darstellen:

Stellen Sie sich vor, Sie wollen in der rauen Nordsee eine Bohrinsel errichten, und diese Bohrinsel ist auf drei Säulen auf dem Meeresgrund verankert. Die Bohrinsel mit der darauf errichteten Produktionsplattform ist nur dann stabil, wenn jede ihrer drei Säulen einzeln und für sich tragfähig ist. Knickt auch nur eine Säule ein, kippt immer das Ganze.

Ebenso verhält es sich mit der Tragfähigkeit Ihres Gründungsvorhabens. Es basiert auf drei ganz wichtigen Säulen und diese drei Säulen müssen jede einzeln und für sich auf ihre Tragfähigkeit überprüft werden.

Graphisch lassen sich die drei Säulen rund um die Gründungsidee als das magische Dreieck des Gründungserfolgs abbilden (Bild 2):

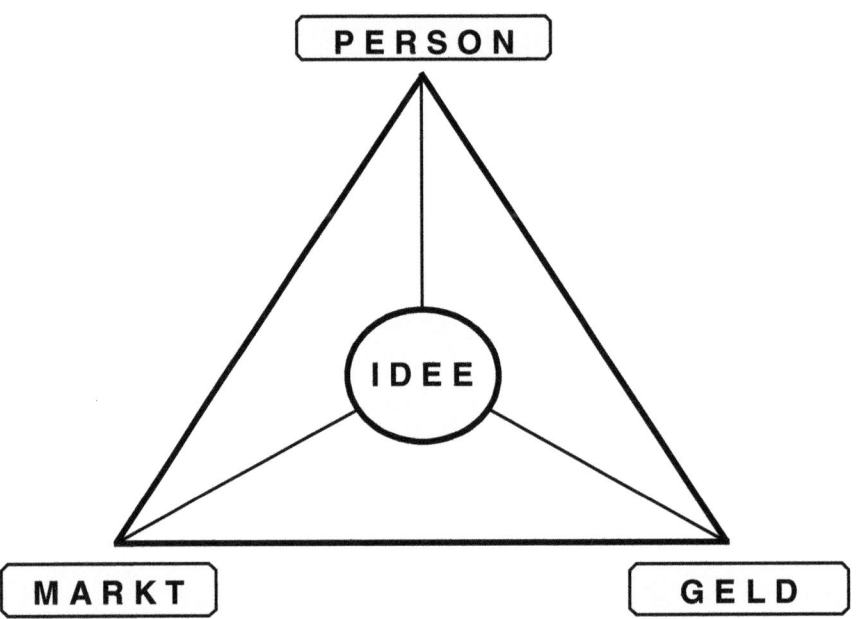

Bild 2:   Das magische Dreieck des Gründungserfolgs

Aus diesen drei Säulen lässt sich nun das Fähigkeitsprofil für eine erfolgversprechende Existenzgründung ableiten. Dazu gehören folgende drei Fähigkeiten:

1. Die Leistungsfähigkeit der Person - Ihre unternehmerische Eignung

2. Die Marktfähigkeit Ihrer Produkte – Der Markttest für Ihr Leistungsangebot

3. Die Tragfähigkeit der Finanzierung – Der Pretest für die Bank

Um den Erfolg eines Gründungsvorhabens zu gewährleisten, benötigt man also rund um eine erfolgversprechende Gründungsidee vor allem qualifizierte Personen, marktfähige Produkte oder Dienstleistungen und eine tragfähige Finanzbasis.

1.4.1 Die erfolgversprechende Gründungsidee

Ohne Idee ist alles nichts - die Idee allein ist jedoch nicht alles. Mit dieser einfachen Formel wollen wir das Thema Existenzgründung angehen. Als erstes muss daher geprüft werden, ob Ihre Gründungsidee erfolgversprechend ist.

1.4.2 Die unternehmerische Eignung der Person

Eine Überprüfung Ihrer Person muss ergeben, dass Sie grundsätzlich zum Unternehmer geeignet sind. Dazu bedarf es bestimmter persönlicher Voraussetzungen, die unbedingt erfüllt sein müssen, soll das Vorhaben Erfolg haben.

1.4.3 Die Marktfähigkeit der Produkte

Die zweite wichtige Säule ist der Markt. Wenn der Markt Ihre Dienstleistung oder Ihr Produkt nicht akzeptiert, kann Ihre unternehmerische Eignung noch so brillant sein und Sie können noch soviel Startkapital in Ihr Vorhaben einbringen - wenn der Markt Ihre Leistungen nicht honoriert, ist Ihnen langfristig kein Erfolg beschieden.

1.4.4 Die Tragfähigkeit der Finanzierung

Die dritte und letzte Säule ist das Geld, hier das betriebsnotwendige Startkapital. Ein noch so guter Unternehmer mit einem Markt, der für seine Produkte reif ist, hat kaum Aussicht auf Erfolg, wenn dieser Markt nicht erschlossen werden kann, wenn also das für den Start notwendige Kapital fehlt. So nutzt es wenig, wenn Sie beispielsweise einen Auftrag über 50.000 Euro bereits unterschriftsreif vorliegen haben, Ihnen aber die für den Start erforderlichen 40.000 Euro fehlen, um das nötige Material einzukaufen, sich die Werkzeuge zu beschaffen, Ihre Fertigung einzurichten - einfach nur den Auftrag abwickeln zu können.

Wenn jemand vertrauensvoll die Richtung einschlägt, in die seine Träume weisen, und es wagt, ein Leben nach seinen Vorstellungen zu leben, wird er einen Erfolg ernten, der von einem normalen Leben nie zu erwarten gewesen wäre.

(Henry David Thoreau)

2 Gründungsidee

2.1 Ein Traum soll Wirklichkeit werden

Träume und Visionen spielen in unserem Leben eine wichtige Rolle. Sie weisen auf erstrebenswerte Ziele hin und wirken auch als Antriebskräfte, Motivation und Impulsgeber zum Erreichen dieser Ziele. So ist es auch meist der Traum vom eigenen Unternehmen, der so manch einen Existenzgründer beflügelt, Außergewöhnliches zu leisten. Der Glaube an seine Vorstellungen von der Selbständigkeit und die Umsetzung seiner Idee in ein erfolgreiches Unternehmen ist für ihn der Schlüssel zum Erfolg.

Soll aber aus einer guten Idee ein erfolgreiches Unternehmen werden, so gehört dazu mehr als nur ein Traum, denn zwischen Traum und Wirklichkeit klafft die große Lücke der Gründungsrisiken. Von der Erwartungsebene herab zur Realitätsebene führt ein steiniger Weg. Wenn beide Ebenen allzu weit voneinander entfernt liegen, ist dies ein Grund zur Beunruhigung. Bedenken Sie, Realität wird letztlich nur das Machbare.

> **Jeder große Erfolg ist ein Triumph des Eigensinns.**
>
> (G. B. Shaw)

Etwas Außergewöhnliches zu leisten bedarf einer ungeheuren Motivation auf der Erwartungsebene als Triebkraft, um eine gute Idee dann auf der Realitätsebene hart umkämpfter Märkte durchzusetzen. Der erfolgreiche Existenzgründer muss daher vom Erfolg seiner Idee absolut überzeugt sein, und er muss auch jederzeit bereit sein, sein Vorhaben verbissen gegen alle möglichen Widerstände und Vorbehalte durchzukämpfen.

Sie müssen an Utopien glauben, um sie verwirklichen zu können. Diese Grundhaltung ist Voraussetzung für eine erfolgversprechende Existenzgründung. Andererseits führt das engagierte Eintreten für Ihr eigenes Konzept fast zwangsläufig dazu, dass Sie auch da Partei für die eigene Sache ergreifen, wo Objektivität und kritische Distanz gefordert sind. Und genau hier liegt das Dilemma der Gründungsidee zwischen Traum und Wirklichkeit. Sie brauchen für eine erfolgreiche Gründung dringend die Motivationskraft einer guten Idee, um die Realisierung Ihres Vorhabens voranzutreiben. Gleichzeitig müssen Sie ständig eine Hand an der Euphoriebremse haben, um Ihre realen Chancen auszuloten und nur das tatsächlich Machbare in Angriff zu nehmen.

Damit nun Ihr Traum vom eigenen Unternehmen nicht allzu weit von der Realität entfernt geträumt wird, wollen wir schon bei der Gründungsidee ein gesundes Verhältnis zwischen Wunsch und Wirklichkeit herstellen. Dazu sollten Sie als erstes versuchen, sich aus Ihrer eigenen Subjektivität zu befreien. Sie sollten Ihre Idee neutral und objektiv sehen, damit Sie schon frühzeitig aus kritischer Distanz Klarheit über die eigenen Pläne erhalten.

Eine erste wichtige Voraussetzung ist dabei, dass der von Ihnen bevorzugte Unternehmenstyp Ihren Wünschen und Bedürfnissen gerecht wird, Ihren Fähigkeiten entspricht und Ihren Schwächen Rechnung trägt.

Dies bedeutet: Ihre Idee muss mehr umfassen als nur den Wunsch nach Selbständigkeit, Unabhängigkeit und Erfolg. Sie benötigen als Basis für eine realistische Gründungsidee:

1. einen für Sie geeigneten Unternehmenstyp
2. eine ausgereifte Produktidee und
3. eine erfolgversprechende Marktlücke.

Dazu gehört:
1. die Bewertung Ihrer eigenen Stärken und Schwächen
2. die Erarbeitung einer persönlichen Anforderungsliste
3. das Erstellen einer Liste geeigneter Unternehmenstypen
4. die Wahl der richtigen Produktidee
5. die Überprüfung der Ertragskraft der Marktlücke.

Am wichtigsten aber ist, dass Ihre Gründungsidee all das in sich birgt und verkörpert, was Ihren Fähigkeiten entspricht und wozu Sie selbst auch in der Lage sind, es am Markt erfolgreich durchzusetzen. Auf eine Kurzformel gebracht: Zu einer guten Gründungsidee gehört, dass sich der Stärkenwert im Fähigkeitsprofil Ihrer Person mit dem Chancenwert Ihrer Produkte am Markt in Übereinstimmung bringen lässt.

Beginnen wir mit der Gründungsidee, denn am Anfang steht ja bekanntlich die Idee. Vor dem geistigen Auge ihres Schöpfers reift diese Idee zunächst durch ständiges Abwägen aller Vor- und Nachteile. Der zukünftige Jungunternehmer geht also mit seiner Idee eine Zeitlang schwanger, bis sich aus ersten vagen Vorstellungen allmählich konkrete Konturen herauskristallisieren. Anschließend wandern die Konturen dieser Idee zu ersten Skizzen und Entwürfen aufs Papier. In diesem Stadium beginnt ein Ausloten der Chancen und Risiken, das Hauptaugenmerk ist stark auf die Hürden und Klippen ausgerichtet. Man ist bemüht, Gründungsrisiken schon frühzeitig zu erkennen, Fehler zu vermeiden, um Lehrgeld einzusparen, denn leider ist es in der Vergangenheit oft vorgekommen, dass aufgrund nicht beachteter Risiken und früher Fehler Gründungsprojekte später schief liefen und Probleme und Ärger mit sich brachten, weil sie außer Kontrolle geraten waren. Die Ursachen für derart frühe Fehlentwicklungen sind zum großen Teil auch darin zu sehen, dass sich die meisten Gründungskonzepte schon in der Ideenphase erheblich in Bezug auf ihre Tragfähigkeit für eine Vollexistenz unterscheiden, das heißt: Hinter vielen Gründungsideen verbergen sich am Anfang häufig noch die Luftschlösser ihrer Initiatoren. Meist sind schon in den ersten Ansätzen einer Gründungsidee zu wenig realitätsbezogene Vorstellungen vorhanden. Häufig werden als Gründungsideen brillante Produkte entwickelt. Sie sind von ihren technischen Eigenarten her absolut überzeugend. Dann aber folgt die Ernüchterung, weil der Jungunternehmer sehr schnell feststellt, dass sein Produkt vom Markt nicht angenommen wird, weil hierfür kein Bedarf vorhanden ist. Achten Sie daher schon in der Ideenphase sorgsam darauf, dass Sie nicht zu früh mit einem noch unausgereiften Gründungskonzept starten.

> **Der größte Aberglaube ist der Glaube an den schnellen Erfolg.**

**Wenn du Schlösser in die Luft gebaut hast, muss Deine Arbeit nicht vergeblich gewesen sein, denn dort gehören Schlösser auch hin.
- Aber jetzt setze ein Fundament darunter!**

(Henry David Thoreau)

Beachten Sie: Nicht jeder Traum ist umsetzbar.

Warum passiert es aber so oft, dass bei vielen Existenzgründungen die Realität nicht die Erwartungen erfüllt? Der Grund hierfür liegt häufig darin, dass diese Existenzgründer sich in ihren Gedanken zwar konkret überlegt haben, was sie wollen, aber die Ergebnisse ihrer Überlegungen anschließend nicht vor dem Hintergrund des tatsächlichen Geschehens überprüft haben. Sie sind auf der Traumebene ihrer Erwartungen haften geblieben und haben daher ihre Ideen nicht sorgfältig genug an der Realität getestet. Sie haben ihre eigenen Fähigkeiten nicht ausreichend berücksichtigt und allzu leichtfertig die Stärken der Konkurrenz vernachlässigt. Sie machen sich selbständig auf Zureden von Freunden und Bekannten oder weil sie einen „heißen Markt" zu sehen glauben. Sie folgen den angeblich **„heißen Tipps"** und verlassen sich allzu sehr auf gut gemeinte Ratschläge. Nur weil Ihr Schwager eine Schnelldruckerei hat, müssen Sie auf diesem Gebiet noch lange nicht erfolgreich werden. Und bloß weil überall Handy-Läden aus dem Boden sprießen, muss das nicht heißen, dass Sie in drei oder vier Jahren ebenso glänzend dastehen werden. Entscheidungen, die auf freundlichen Ratschlägen oder auf momentanen Eingebungen beruhen, sind gefährlich und enden als wirtschaftliche Abenteuer häufig im Konkurs.

2.2 Die Überprüfung der Gründungsidee

2.2.1 Die Anforderungsliste als Pflichtenheft

Zur Überprüfung Ihres Unternehmenstyps brauchen wir eine Anforderungsliste, damit wir aufgrund Ihrer Vorstellungen und Voraussetzungen die Auswahlkriterien festlegen können. Die Situation ist vergleichbar mit einem Hausbau. Auch hier muss man vorher klar definieren, welche Anforderungen an das zukünftiges Heim gestellt werden. Die Bausumme muss stimmen, die monatliche Belastung muss tragbar sein, die Lage muss ansprechen, die Anzahl der Zimmer muss ausreichen usw. Dasselbe gilt für Ihr Unternehmen - nur hier ist es etwas komplizierter.

Für die Anforderungsliste als Maßstab für eine erste Grobbewertung Ihres Unternehmenstyps genügt es, wenn das Auswahlkriterium nur einigermaßen zutrifft. Stellen Sie sich also die Produkte oder Dienstleistungen, Ihre zukünftigen Kunden oder Mitarbeiter in allen Einzelheiten konkret vor und versetzen Sie sich kurz in eine alltägliche Arbeitssituation. Fragen Sie sich dann: Stimmt dies mit allen meinen Anforderungen überein?

Legen Sie also Ihr eigenes Wissen über den jeweiligen Unternehmenstyp zugrunde, dann sind Sie in der Lage, den Bewertungsbogen für jeden Typ Ihrer Liste auszufüllen.

2.2.2 Die Rangordnungsmethode

Ein erstes Prüfverfahren erfolgt nach der Rangordnungsmethode. Als Maßstab für die Bewertung der einzelnen Unternehmenstypen dient hier Ihre persönliche Präferenz für ein bestimmtes Kriterium. Streben Sie beispielsweise nach einer hohen Vereinbarkeit Ihrer Existenzgründung mit dem Familienleben, so geben Sie in dieser Spalte „hoch" ein. Bevorzugen Sie einen Unternehmenstyp mit möglichst geringem Kapitaleinsatz, so setzen Sie in die Spalte „Kapital" die Präferenz „niedrig" ein. Auf diese Weise kommt auf dem Wege einer Nutzwertanalyse eine Rangfolge der verschiedenen Unternehmenstypen zustande, die am sachbezogenen Anforderungsprofil Ihrer Gründungsvorstellungen orientiert ist. Wir wollen also eine Rangfolge erstellen, die durch Ihre persönlich-intuitiven Vorstellungen von der beruflichen Selbständigkeit geprägt ist.

Was erwarten Sie persönlich von der Selbständigkeit und wie steht es mit den Auswirkungen auf Ihr Privatleben und das Ihrer Familie? Unabhängigkeit und finanzielle Sicherheit bedeuten letzten Endes nicht mehr viel, wenn Sie nicht die Möglichkeit haben, die Früchte Ihrer Arbeit zu genießen. Auch kann der Wunsch, seinen Reiseinteressen durch die Gründung eines Reiseunternehmens nachzugehen, mit dem Wunsch nach Familienleben am Wochenende kollidieren. Wir werden daher im Folgenden alle diese Argumente abwägen und systematisieren. Erst wenn klar herausgearbeitet wurde, was Sie tatsächlich wollen, können die Ergebnissen der Analyse zu Auswahlkriterien für Ihr eigenes Unternehmen herangezogen werden.

Es gibt grundsätzlich zwei Möglichkeiten, die verschiedenen Unternehmenstypen in eine Rangfolge zu bringen. Die erste Methode ist ein eher rechnerischer Ansatz auf der Basis einer Punktebewertung. Die zweite Methode beruht auf reiner Intuition, also auf dem gefühlsmäßigen Zuspruch. Sie können sich für eine der beiden entscheiden. Sie können natürlich auch beide wählen. Sollte der Einsatz beider Methoden zu unterschiedlichen Ergebnisse führen, sollten Sie Ihre Wahl auf der Grundlage von Gefühl und Intuition treffen. Es hat sich häufig erwiesen, dass bei vielen wirtschaftlichen Entscheidungen im Endeffekt die Intuition richtig gewesen ist.

Bei der ersten Methode wählen Sie zunächst aus dem untenstehenden Katalog diejenigen Kriterien, die bei Ihrer Gründungsentscheidung von Bedeutung sind. Wenn nötig, ergänzen Sie die Liste nach Ihren eigenen Vorstellungen. Das Verfahren bezieht sich aber nicht nur auf Ihre persönlichen Präferenzkriterien, sondern berücksichtigt auch, dass die einzelnen Forderungen nicht alle gleich wichtig sind und dass die Gewichtung von Mensch zu Mensch unterschiedlich ist. Für den einen mag Einkommen und die Verwirklichung persönlicher Ziele am wichtigsten sein, während für den anderen die Arbeit selbst und ihre Auswirkungen auf den Lebensstil alles andere zurückdrängt. Sie müssen also bei dieser Methode zuerst Ihre persönlichen Präferenzkriterien entwickeln. Dazu benutzen wir eine Skala von eins bis fünf; wobei 1 = unwichtig und 5 = sehr wichtig bedeutet. 2, 3 und 4 liegen dazwischen.

Die zentrale Frage lautet: Was ist für mich persönlich wie wichtig?"

Beispiel für einen Kriterienkatalog

sehr wichtig (5)	Einkommen
	Startkapital
	Vermögensbildung
	Macht und Einfluss
relativ wichtig (4)	Unabhängigkeit
	Ideen durchsetzen
	Führen von Menschen
	Kontakt mit Menschen
wichtig (3)	Erfolg
	Ansehen
	Status
	Familie
weniger wichtig (2)	Lebensstil
	Lebensqualität
	Arbeitseinsatz
	Familientradition
unwichtig (1)	Urlaub
	Hobbys
	Arbeitszeit
	Privatleben

Beurteilen Sie nun den von Ihnen ins Auge gefassten Unternehmenstyp nach diesen Kriterien und setzen Sie Ihre Punkte in den nachfolgenden Auswahlkatalog ein.

Die zentrale Frage dabei lautet: Wie lassen sich Ihre persönlichen Auswahlkriterien in den einzelnen Unternehmenstypen realisieren? Derjenige Unternehmenstyp, der das jeweilige Kriterium am treffendsten erfüllt, erhält die höchste Punktzahl.

Bei der Beurteilung verwenden Sie folgende Notenskala:

5 = sehr gut   4= überaus gut   3 = gut   2= weniger gut   1 = schlecht.

Beispiel für einen Auswahlkatalog

Auswahlkriterien	Ge-wicht	Reise-büro	Fahr-schule	Foto-handel	Hunde-zucht	Video-thek
Einkommen und Vermögen	(5)	4	3	5	2	4
Erfolg und Ansehen	(3)	5	4	4	1	2
Eigene Ideen durchsetzen	(4)	1	2	3	5	4
Macht und Einfluss	(5)	2	2	3	1	4
Unabhängigkeit, Freiheit	(4)	4	3	4	3	4
Arbeitszeit und Einsatz	(1)	2	1	3	2	4
Führen von Menschen	(4)	3	3	4	1	3
Familie und Privatleben	(2)	2	1	3	4	3
Urlaub und Freizeit	(1)	4	3	4	2	3
Kontakt mit Menschen	(4)	5	4	4	2	3
Lebensqualität, Hobbys	(1)	3	2	5	4	3
Familientradition	(2)	2	2	3	3	2

Der gewichtete Auswahlkatalog

Auswahlkriterien	Ge-wicht	Reise-büro	Fahr-schule	Foto-handel	Hunde-zucht	Video-thek
Einkommen und Vermögen	(5)	4x5=20	3x5=15	5x5=25	2x5=10	4x5=20
Erfolg und Ansehen	(3)	5x3=15	4x3=12	4x3=12	1x3=03	2x3=06
Eigene Ideen durchsetzen	(4)	1x4=04	2x4=08	3x4=12	5x4=20	4x4=16
Macht und Einfluss	(5)	2x5=10	2x5=10	3x5=15	1x5=05	4x5=20
Unabhängigkeit, Freiheit	(4)	4x4=16	3x4=12	4x4=16	3x4=12	4x4=16
Arbeitszeit und Einsatz	(1)	2x1=02	1x1=01	3x1=03	2x1=02	4x1=04
Führen von Menschen	(4)	3x4=12	3x4=12	4x4=16	1x4=04	3x4=12
Familie und Privatleben	(2)	2x2=04	1x2=02	3x2=06	4x2=08	3x2=06
Urlaub und Freizeit	(1)	4x1=04	3x1=03	4x1=04	2x1=02	3x1=03
Kontakt mit Menschen	(4)	5x4=20	4x4=16	4x4=16	2x4=08	3x4=12
Lebensqualität, Hobbies	(1)	3x1=03	2x1=02	5x1=05	4x1=04	3x1=03
Familientradition	(2)	2x2=04	2x2=04	3x2=06	3x2=06	2x2=04
Summe Punkte:		114	97	136	84	122

Ihre persönliche Präferenzskala ergibt sich nach der Rangordnungsmethode wie folgt:

1. Fotohandel   =   136 Punkte
2. Videothek   =   122 Punkte
3. Reisebüro   =   114 Punkte
4. Fahrschule   =   97 Punkte
5. Hundezucht   =   84 Punkte

2.2.3 Die Einfühlungsmethode oder die Sache mit der Begeisterung

Mit der Einfühlungsmethode wollen wir in Ergänzung zur Rangordnungsmethode eine Rangfolge ermitteln, die stärker durch Ihre persönlich-intuitiven Vorstellungen von der beruflichen Selbständigkeit geprägt ist. Diese Methode ist ganz einfach anzuwenden. Lehnen Sie sich in einem weichen Sessel geruhsam zurück und stellen Sie sich vor, wie das wäre, wenn Sie jeden einzelnen der von Ihnen hoch bewerteten Unternehmenstypen gewählt hätten. Dabei stellen Sie sich jeweils die Frage: Was erwarten Sie persönlich von der Selbständigkeit bei diesem Unternehmenstyp und wie steht es mit den Auswirkungen auf Ihr Privatleben und das Ihrer Familie? Unabhängigkeit und finanzielle Sicherheit bedeuten letzten Endes nicht mehr viel, wenn Sie nicht die Möglichkeit haben, die Früchte Ihrer Arbeit zu genießen.

Konkret gehen Sie dabei wie folgt vor:

1. Stellen Sie sich die Ziele vor, die Sie mit Ihrer Selbständigkeit erreichen wollen.

2. Legen Sie den Lebensstil fest, den Sie in den nächsten Jahren verwirklichen möchten.

3. Formulieren Sie die Art der Arbeit, die Ihnen am besten liegt.

Dann stellen Sie sich folgende Fragen:

- In welchem von diesen Betrieben würde ich mich am wohlsten fühlen?

- Mit welchem Unternehmen würde ich am liebsten die nächsten 15 oder 20 Jahre meines Lebens verbringen?

Ihre Rangordnung nach dem Einfühlungsvermögen

1. _____ _____ _____ _____ _____

2. _____ _____ _____ _____ _____

3. _____ _____ _____ _____ _____

4. _____ _____ _____ _____ _____

5. _____ _____ _____ _____ _____

6. _____ _____ _____ _____ _____

7. _____ _____ _____ _____ _____

8. _____ _____ _____ _____ _____

9. _____ _____ _____ _____ _____

Treffen Sie jetzt Ihre Wahl und bestimmen Sie Ihre vorläufige Nummer 1. Wiederholen Sie nun das Ganze mit den noch verbleibenden Unternehmenstypen. Auf diese Weise erhalten Sie Ihre Nummer 2. Wenn Sie also aus Ihrem Bewertungsbogen neun Unternehmenstypen herausgefiltert haben, wiederholen Sie das Verfahren so lange, bis Sie Ihre Rangfolge 1 bis 9 erreicht haben.

Bevor Sie Ihre Idee nun konkret in Angriff nehmen, noch eine Frage zu Ihrem Engagement und Ihrer Begeisterung: Wenn Sie an Ihre vorläufige Nummer 1 denken, wie empfinden Sie? Sind Sie begeistert von der Idee, demnächst den Betrieb Ihrer vorläufigen Wahl zu führen? Wenn ja, wunderbar! Sie sollten zügig weitermachen. Wenn nein, dann ist etwas schief gelaufen.

Vielleicht sind Sie nicht auf den richtigen Unternehmenstyp gekommen, weil er gar nicht auf Ihrer Ausgangsliste stand. Oder - was noch schlimmer ist - die vorläufige Nummer 1 begeistert Sie nicht sonderlich. Dann sollten Sie zwar mit der Analyse weitermachen, gleichzeitig aber Ihre Fühler ausstrecken, um neue Unternehmenstypen für Ihre Liste zu finden. Halten Sie Ihre Augen offen, um neue Möglichkeiten der Selbständigkeit zu entdecken. Wenn Sie etwas finden, fügen Sie es Ihrer Liste hinzu. Erst wenn Sie nach allen erläuterten Prüfungsmethoden richtige Begeisterung empfinden, dann wenden Sie die Techniken des nächsten Kapitels darauf an, um Ihre Wahl abzusichern.

Schlüsselfaktor: Gründungs-Idee												
Bitte bewerten Sie durch Ankreuzen:	sehr gering				durchschnittlich					sehr hoch		
Wie bewerten Sie die Chancen einer erfolgreichen Umsetzung ihrer Idee?	0	10	20	30	40	50	60	70	80	90	100

3 Persönliche Eignung

Jeder Existenzgründer, der als Unternehmer Erfolg haben will, muss zunächst einmal als Person überzeugen! Daher beginnt der erste Schritt in die Selbständigkeit mit einer kritischen Selbstprüfung:

- Wer sind Sie?
- Was wollen Sie?
- Was können Sie?

3.1 Ihre unternehmerischen Fähigkeiten · Schlüssel zum Erfolg

Gleich zu Beginn stellt sich schon die alles entscheidende Frage nach Ihrer unternehmerischen Eignung. Besitzen Sie die persönlichen und fachlichen Voraussetzungen zum Erfolg? Fragen wir aber zunächst einmal grundsätzlich:

- Was ist denn überhaupt Erfolg?
- Was bestimmt den unternehmerischen Erfolg?
- Welches sind die wichtigsten Erfolgsfaktoren?

> Erfolgreich ist der Mensch dann, wenn er es geschafft hat, das zu werden, was er aufgrund seiner Fähigkeiten hätte sein können.

Wenn wir hier von Erfolg sprechen, so meinen wir damit nicht den Erfolgreichen im klassischen Sinne, also nicht den berühmten Star, den bewundernswerten Großindustriellen oder den prominenten Spitzenpolitiker. Wir sprechen von Menschen, die sich darüber klar geworden sind, wozu sie am besten geeignet sind und was sie mit ihren Fähigkeiten erreichen können und wollen. Also diejenigen, die sich nicht in ihr Schicksal ergeben, sondern gekämpft und schließlich das selbst gesteckte Ziel auch tatsächlich erreicht haben. Diejenigen, die es geschafft haben, das sind unsere Erfolgreichen, die haben in unserem Sinne **die Nase vorn.**

Erfolg bedeutet also für uns, das jemand das erreicht hat, was er sich vorgenommen hat. Als Gründer sicherlich auch die Erreichung der mit der Existenzgründung verbundenen eigenen Lebensziele. Dies kann die Verwirklichung eigener Ideen, größere Unabhängigkeit und bessere Selbstentfaltung in unternehmerischen Freiräumen, oder einfach mehr Lebensqualität bedeuten.

3.2 Prüfkriterien für die unternehmerische Eignung

Eine Anatomie des Erfolgs

Unternehmerisch Erfolg zu haben verlangt darüber hinaus noch, sich von der Norm des Durchschnittsbürgers abzuheben und den Mut zu haben, anders zu sein als die meisten Menschen. Dabei ist eine Persönlichkeit gefordert, die in der Lage ist, alles Wesentliche früher als andere in seiner Bedeutung für die eigenen Ziele zu erkennen, neue Ideen rechtzeitiger als der Wettbewerb aufzugreifen, sie richtig zu kombinieren und im eigenen Unternehmen gezielt einzusetzen und damit zum Erfolg zu führen.

Wie aber kann man dies alles erkennen und vor allem auch die noch verborgenen unternehmerischen Qualitäten entdecken? Dazu fragen wir zunächst einmal nach den Dimensionen jenes Erfolgs, der idealerweise in der Person eines erfolgreichen Unternehmers begründet liegen sollte. Schlagwortartig sind dies:

- **Persönlichkeit**

- **Tatkraft**

- **Einstellung**

Dies sind zunächst einmal global die persönlichen Basisfaktoren, die einen erfolgreichen Existenzgründer ausmachen. Da aber die Persönlichkeitsstruktur eines Menschen in all ihrer Komplexität und Vielschichtigkeit nicht in drei Schlagworte zu fassen ist, sondern in der Psyche eines Menschen eine Vielzahl unterschiedlicher und sich gegenseitig beeinflussender Faktoren wirkt, wollen wir zur präziseren Erfassung der individuellen Erfolgsfaktoren zunächst einen Kriterienkatalog entwickeln, aus dem wir dann versuchen wollen, ein individuelles Anforderungsprofil für Ihre Person abzuleiten.

3.3 Die Überprüfung der Unternehmer-Eignung

3.3.1 Die Auswahlkriterien der Banker

Versucht man zunächst einmal die eher pragmatischen Ansätzen derjenigen heranzuziehen, die sich hauptberuflich mit der Beurteilung der Unternehmereignung von Existenzgründern beschäftigen, und stellt man die Frage nach der unternehmerischen Eignung auch den Kapitalgebern, die als Kreditberater in den Banken oft innerhalb weniger Stunden entscheiden müssen, ob sie für ein vorgetragenes Finanzierungsvorhaben ins Obligo gehen sollen oder nicht, so gelang man zu einer recht differenzierten Sichtweise. Bei den Kapitalgebern steht der Erfolg eines Gründungsvorhabens im Brennpunkt ihrer Betrachtung, denn Banken möchten nicht nur bei der Bereitstellung von Kapital zur Finanzierung einer Existenzgründung mitwirken, sondern sind auch darum bemüht, dass eingesetzte Kapital zinsbringend zurückzuerhalten. Da der Mensch im allgemeinen und der Banker im besonderen sein Verhalten aber weitgehend an den prognostizierten

Ergebnissen seiner bisherigen Verhaltensweisen orientiert und dabei meist auf Erfahrungen in der Vergangenheit zurückgreift, beurteilen manche Kreditberater ihre Entscheidung bei einer Gründungsfinanzierung häufig auch nach dem Erfolg ihrer bisherigen Erfahrungen in ähnlichen Fällen. So hat sich im Laufe der Zeit bei den Kapitalgebern auch ein gewisses Erfahrungspotential bei der Beurteilung der Erfolgsaussichten von Existenzgründungen gebildet. Nach den Aussagen der Banken spielt dabei die Beurteilung der Person des Gründers eine außerordentlich große Rolle, denn außer dem vorgelegten Gründungskonzept (Businessplan) bleibt den Kreditinstituten vielfach nichts weiteres übrig, als das Vertrauen in die unternehmerischen Fähigkeiten des Existenzgründers.

Wie sieht aber dann das pragmatische Anforderungsprofil der Kapitalgeber aus, das sie an die unternehmerische Qualifikation eines Existenzgründers anlegen?

3.3.2 Die Ansätze der Verhaltensforschung

Greift man dazu auch auf die wichtigsten Ergebnisse psychologischer Forschungen auf diesem Gebiet zurück, so zeigen sich vor allem in dem von Cattell benutzten Ansatz der differentiellen Psychologie drei große Variablenbereiche, mit denen die Persönlichkeit eines Menschen beschrieben wird. Er unterscheidet nach Wesenszügen der Begabung **(Intelligenz)**, des Verhaltens **(Charakter)** und der Einstellung **(Motive)**. Berücksichtigt man darüber hinaus auch die Untersuchungen großer amerikanischern Venture-Capital-Gesellschaften, so kommt die Verhaltensforschung zu einem eigenen und recht aufschlussreichen Anforderungsprofil für Existenzgründer.

Betrachtet man nun die Ergebnisse empirischer Forschungsarbeiten vor dem praktischen Erfahrungshintergrund der Banker, so zeigt sich ein Profil des erfolgreichen Existenzgründers, das sich weitgehend aus dessen zukünftiger Aufgabenstellung ableiten lässt. Danach verlangen die Regeln des modernen Marketings von jedem Jungunternehmer, dass er in der Lage sein muss, sein Unternehmen gezielt auf die Erfüllung der Kundenwünsche auszurichten. Dazu gehört nicht nur, dass er sich mit viel **Einfühlungsvermögen** auf seine Kunden einzustellen vermag und dabei das berühmte Fingerspitzengefühl des Unternehmers für Markt und Kunden entwickelt. Ein Mindestmaß an Einfühlungsvermögen gehört auch ansonsten zu den Fähigkeiten, die der Juniorunternehmer in jedem Falle besitzen sollte. Auch als Verhandlungsführer muss er stets in der Lage sein, sich auf seinen Geschäftspartner richtig einzustellen, d. h. sich in die Situation seines Gesprächspartners versetzen zu können. Er muss in die subjektive Realität des anderen eintauchen können, sich ernsthaft mit der Bedürfnislage seines Gegenübers beschäftigen, um darin aus der so gewonnenen Einsicht zu handeln.

Nach gewonnenen Einsichten zu handeln, bedeutet aber noch lange nicht, sich nach anderen zu richten. Kunden, Geschäftspartner oder Mitarbeiter zu verstehen heißt nicht, deren Meinung als richtig anzunehmen, sondern es bedeutet lediglich, die Einstellung des anderen aufzunehmen und zu akzeptieren. Unternehmerisch entschieden wird aber vor dem Hintergrund des eigenen Wertesystems. Für den unternehmerischen Erfolg von Bedeutung ist dabei, dass der Jungunternehmer in der Lage ist, seinem Geschäftspartner oder Mitarbeiter die eigene Entscheidung nachvollziehbar darzulegen.

Dazu gehören als weitere wichtige Fähigkeitsmerkmale eines erfolgreichen Existenzgründers Überzeugungskraft und Durchsetzungsvermögen. **Überzeugungskraft** zu haben bedeutet, die Fähigkeit zu besitzen, mit Hilfe der Sprache andere dazu zu bewegen, ihre eigene Meinung zu ändern. Gemeint ist hiermit aber nicht die Fähigkeit, andere durch verkäuferische Beredsamkeit zu überrumpeln oder durch unfaire Dialektik zu manipulieren. Gemeint ist vielmehr die Fähigkeit, den anderen in einem offenen Informationsaustausch durch die besseren Argumente für die eigene Meinung zu gewinnen. Letztlich überzeugen kann man seine Gesprächspartner aber nur dann, wenn man ihnen die Chance gibt, den eigenen Gedanken zu folgen. Dass heißt: Man muss seine Zuhörer dort abholen, wo sie mit ihren Gedanken gerade sind und dabei auch ihre Sprache sprechen. Also kurz, klar und knapp formulieren und die Aufnahmefähigkeit des menschlichen Gehirns nicht überfordern.

Wichtige Entscheidungen müssen aber nicht nur überzeugend dargelegt werden. Damit tatsächlich etwas geschieht, müssen sie auch umgesetzt werden. Dies bedeutet, dass der erfolgreiche Existenzgründer neben seiner Überzeugungskraft auch über das notwendige **Durchsetzungsvermögen** verfügen muss. Aus einem starken Durchsetzungsvermögen schöpft er schließlich auch die Antriebskraft für sein späteres Leben als selbständiger Unternehmer. Dabei muss er in der Lage sein, diese Kraft in der gebotenen Kürze auf das Wesentliche zu konzentrieren, denn die Zeit ist die einzige betriebliche Ressource, die nicht vermehrbar ist. Wer chronisch keine Zeit hat, verliert sich schnell im Detail. Aber ein perfektes Detail an einem maroden Ganzen ist sinnlos. Ständig keine Zeit zu haben, gehört in unserer Gesellschaft offenbar zum Sozialprestige. Der erfolgreiche Jungunternehmer sollte dabei aber stets **stresstabil** sein, d.h., er muss ständig die Spannung ertragen können, ein Problem zu erkennen, es aber momentan nicht lösen zu können, wenn ein anderes Vorrang hat, mit dem er sich möglicherweise auch noch ungern beschäftigt. Dazu ist die Bereitschaft, seine Willenskraft gezielt einzusetzen, um sich selbst unter Kontrolle zu halten, ebenso erforderlich wie viel **Eigeninitiative,** verbunden mit einer tiefverwurzelten Eigenständigkeit. Hinzu kommen sollten dann noch die wichtigen Grundwerte des Unternehmers, nämlich Standfestigkeit und Willensstärke, aber auch Dynamik und **Leistungsmotivation.**

Dies alles sind Eigenschaften, die ein erfolgreicher Existenzgründer zwar besitzen sollte, die aber bei jemanden, der bisher nur als Arbeitnehmer tätig war, in aller Regel noch nicht zur Entfaltung kommen konnten. Wenn diese Eigenschaften aber in ihren charakterlichen Grundansätzen beim Existenzgründer bereits erkennbar sind, sollten sie auch zur Entfaltung gebracht werden. Denn als Unternehmer wird man nicht geboren, sondern - mit einem Mindestmaß an unternehmerischem Erbgut versehen - sollte man in der Lage sein, die im Laufe seines Berufslebens gesammelten Erfahrungen in einem Lernprozess zu einem Erfahrungshintergrund zu verdichten. Daher sollte der Existenzgründer sich schon frühzeitig mit seiner Rolle als Unternehmer vertraut machen, um seine unternehmerischen Fähigkeit zu erkennen. Das heißt, er muss rechtzeitig in die Lage versetzt werden, sein eigenständiges Wollen nach seinem eigenen Wertesystem zu entwickeln. Nur dies führt zum notwendigen Stehvermögen auch in schwierigen Situationen und zur **sozialen Kompetenz** in wichtigen Fragen der Unternehmensführung. Wer in seine neue Rolle als Unternehmer nicht früh genug hineinwächst und sich dort nicht schnell genug selbst akzeptiert, ist zunächst noch in hohem Maße auf das Lob und Wohlwollen anderer, sei es der Familie, der Geschäftspartner oder gar der Mitarbeiter angewiesen. Dann ist die Aufrechterhaltung des eigenen Selbstwertgefühls allein davon abhängig, dass andere die eigenen unternehmerischen Entscheidungen anerkennen. Damit wird man aber manipulierbar. Wer sich hingegen selbst akzeptiert, kommt in der Regel auch mit anderen gut aus. Man ist nicht jedermanns Freund, aber man wird respektiert.

Eng verbunden mit einem selbstbewussten Auftreten ist die Bereitschaft, eine gesunde Vertrauensbasis zu allen Geschäftspartnern aufzubauen, um damit eine tragfähige Basis für langfristige Partnerschaften zu schaffen. Dies gilt nicht nur für die Hausbank, eine vertrauensvolle Zusammenarbeit mit Kunden und Lieferanten, aber auch mit jedem einzelnen Mitarbeiter ist unerlässlich für den Erfolg des Ganzen. **Vertrauensbereitschaft** verlangt ein aktives Verhalten gegenüber Geschäftspartnern und Mitarbeitern, indem das Bewegungsfeld für den anderen übersichtlich und das eigene Verhalten überschaubar bleibt. Wichtig ist dabei die Pflege verbindlich-freundschaftlicher Beziehungen bei gleichzeitiger persönlicher Distanz. Also jene mittlere Ebene zwischen sozialer Gleichgültigkeit und persönlicher Freundschaft, die erforderlich macht, dass man den anderen aus seiner Anonymität herausholt und gleichzeitig Abstand zu ihm hält.

3.3.3 Anforderungsprofil versus Persönlichkeitsprofil

Fasst man die Ergebnisse unserer Betrachtungen zu den Persönlichkeitsmerkmalen erfolgreicher Existenzgründer zusammen, so bleibt festzuhalten, dass es ein allgemeingültiges Profil für **den** erfolgreichen Existenzgründer nicht gibt. Der Erfolg einer Existenzgründung ist eine Größe, die sich bestenfalls aus einem Profilvergleich zwischen geforderten und vorhandenen Fähigkeiten ergibt. Je größer die Übereinstimmung zwischen dem Anforderungsprofil der Aufgabe und dem Persönlichkeitsprofil des Gründers ist, um so größer sind auch die Erfolgsaussichten. Um die Größe der Erfolgschancen einer Neugründung festzustellen, sind also zwei Profile erforderlich, einmal das Anforderungsprofil des Unternehmens, abgeleitet aus den zukünftig zu bewältigenden unternehmerischen Aufgaben, und dem Persönlichkeitsprofil, abgeleitet aus der individuellen Ausprägung Ihrer Persönlichkeitsfaktoren wie Leistungsmotivation, sozialer Kompetenz, Durchsetzungsvermögen usw. Das Anforderungsprofil ergibt sich aus den mit Ihrer Gründung zu lösenden Aufgaben.

Vergleicht man anschießend beide Profile miteinander, erhält man erste Anhaltspunkte für die Ausprägung der Anforderungskriterien, die Ihren unternehmerischen Erfolg mitbestimmen.

Wir beginnen mit der Entwicklung des Anforderungsprofils für Ihre Gründung als Zielgröße. Vor diesem Hintergrund sollten Sie sich dann in einer Art Selbsttest fragen, ob und in wieweit Sie diesen Anforderungen gerecht werden. Dies bedeutet, wir entwickeln anschließend mit Ihnen gemeinsam Ihr Persönlichkeitsprofil. Dazu liefern wir Ihnen die notwendigen Hilfsmittel, die Sie in die Lage versetzen sollen, die Frage nach Ihrer unternehmerischen Eignung selbst zu beantworten. Wenn Sie dann feststellen, dass Ihr

Persönlichkeitsprofil zum Anforderungsprofil Ihrer Gründung passt, erkennen Sie vielleicht schon die ersten Konturen zukünftiger Chancen im Erfolgsprofil Ihres Gründungsvorhabens etwas deutlicher.

Ihr Persönlichkeitsprofil – taugen Sie zum Unternehmer?

Wir haben inzwischen mehrfach feststellen können, dass zur Selbständigkeit nicht nur ein Strauß guter Ideen, Mut und Geld gehören. Der wichtigste Faktor für das Gelingen Ihres Vorhabens sind immer noch Sie selbst. Dazu wollen wir mit Hilfe einer kritischen Selbstprüfung zunächst einmal die Ausprägung der gründungsrelevanten Erfolgsfaktoren deutlich machen, die in Ihrer Person begründet liegen. Unser vornehmliches Anliegen dabei ist, Ihnen schon im Vorfeld Ihrer Gründung den Spiegel der Realität vorzuhalten. Sie sollten selbst erkennen können, wo bei Ihnen die entscheidenden Schwächen und Defizite liegen, an denen Sie vorher noch arbeiten müssen bzw. die Sie möglichst vor Ihrem Start in die Selbständigkeit beheben sollten. Nicht mehr und nicht weniger!

> Übergewicht stellt man am besten fest, wenn man sich ganz auszieht und in einem Spiegel betrachtet.

Prüfen Sie sich also gründlich und legen Sie dabei alle Ihre Fehler und Schwächen schonungslos offen. Dabei ist Ehrlichkeit vor sich selbst oberstes Gebot. Geben Sie sich keiner Selbsttäuschung hin. Eine echte Selbstprüfung ist allerdings schwer, weil man selten ehrlich zu sich selbst ist. Bedenken Sie: Wir haben alle im Laufe unseres Lebens Schutzschichten entwickelt, die uns vor Angriffen auf unser Selbstwertgefühl schützen. Diese müssen wir ablegen, wenn wir uns ernsthaft selbst prüfen wollen, denn Ehrlichkeit ist die Voraussetzung einer sinnvollen Selbstanalyse. Geben Sie sich also keinen Selbsttäuschungen hin, sondern versuchen Sie so objektiv wie möglich zu sein. Lassen Sie sich auch nicht abschrecken, wenn das Ausfüllen der Testunterlagen mehrere Stunden in Anspruch nimmt. Das ist ja genau der Sinn eines Härtetests. Sie sollen sich gründlich mit Ihren persönlichen Voraussetzungen zum Unternehmer auseinandersetzen, denn die wichtigste Grundvoraussetzung für eine erfolgreiche Existenzgründung ist nun mal Ihre persönliche und fachliche Eignung. Deshalb ist es unumgänglich, vor dem Start kritisch zu prüfen, ob bei Ihnen alle unternehmerischen Voraussetzungen in ausreichendem Maße vorhanden sind.

Die Verwertbarkeit der Vergangenheit für die unternehmerische Zukunft

Niemand wird als Unternehmer geboren. Jeder Mensch besitzt aber von Natur aus ein genetisches Erbgut mit bestimmten Charaktermerkmalen, dass ihm von den Vorfahren übertragen wurde. Die konkrete Ausgestaltung dieser Charaktermerkmale erfolgt dann im Laufe seines Lebens. Elternhaus, Schule, Beruf usw. wirken auf den Menschen ein und beginnen seine Veranlagungen zu Fähigkeiten einer bestimmten Form zu prägen. Der Mensch hat also im Laufe seines Lebens eine Vielzahl unterschiedlicher Fähigkeiten erlernt, die seine Persönlichkeitsentwicklung geformt haben. Und hier wollen wir ansetzen und uns fragen, ob Sie eine Grundveranlagung zum Unternehmer besitzen, bzw. im Laufe Ihres Lebens die Fähigkeiten erworben haben, die notwendig sind, ein Unternehmen erfolgreich zu führen.

> Bevor man entscheidet, wohin man geht, muss man verstehen, woher man kommt.

Es geht uns zunächst einmal darum, all Ihre noch so verborgenen Anlagen, schlummernden Talente und ungenutzten Fähigkeiten aufzustöbern, die man Ihnen mit in die Wiege gelegt hat.

Wir wollen also feststellen, ob in Ihrem Persönlichkeitsprofil unternehmerische Merkmale zu finden sind und überprüfen, ob diese Merkmale bei Ihnen so ausgeprägt sind, wie Sie für Ihr Gründungsvorhaben gebraucht werden. Wir wollen aber auch prüfen, welche Faktoren in Ihrer Persönlichkeitsentfaltung bislang gefehlt haben, damit Sie diese Fähigkeiten schon im Vorfeld Ihrer Gründungsvorbereitungen entfalten können. Erst wenn die psychologische Basis für Ihren Erfolg freigelegt ist und Sie Ihre Erfolgsfaktoren kennen, können Sie auch Ihre Reserven wirkungsvoll aktivieren und Ihr Unternehmen nicht nur gründen, sondern auch zum Erfolg führen.

Andererseits zeigt die Erfahrung, dass der Erfolg nicht schon dann eintritt, wenn Sie den unternehmerischen Anforderungen im allgemeinen genügen, sondern bestenfalls dann, wenn die von Ihrem Gründungsvorhaben geforderten Eigenschaften mit Ihren Fähigkeiten übereinstimmen. So sind je nach Branche, Gründungsart, Unternehmenstyp usw. aufgabenspezifisch auch unterschiedliche Anforderungen zu erfüllen. So hat der Gründer im Telefon-Marketing-Bereich in Bezug auf seine Kontaktfähigkeit andere Anforderungen zu erfüllen als derjenige, der sich als Steinmetz für Grabsteine selbständig macht.

Fragen wir also:

Besitzen Sie die Fähigkeiten, die Ihr Gründungsvorhaben erfordert?

Beginnen wir mit einer gründungsspezifischen Anforderungsanalyse. Dazu wollen wir zunächst alle für Ihr Gründungsvorhaben erforderlichen Fähigkeiten erfassen und dann überprüfen, ob und inwieweit Ihr Persönlichkeitsprofil diesen Anforderungen gerecht werden kann.

Die Lebensweg-Silhouette ihrer Erfahrungswerte

Malen Sie sich Ihre Zukunft als Unternehmer zunächst einmal vor dem Hintergrund Ihres bisherigen Lebensweges aus und durchforsten Sie Ihre bisherige berufliche Entwicklung. Fragen Sie sich, wo hatte ich bisher meine größten Erfolge und wo gab es in der Vergangenheit wann und warum welche Niederlagen? Blättern Sie also auf Ihrem bisherigen Lebensweg etwas zurück und machen Sie sich klar, wie Ihre Lebensentwicklungskurve bisher verlaufen ist und versuchen Sie sich dann vorzustellen, wie diese in Zukunft weiter fortzuführen wäre.

Bei den Erfolgen interessiert uns natürlich, wie sie errungen wurden. Wo liegen Ihre besonderen Stärken, mit denen Sie in der Vergangenheit erfolgreich waren? Nicht weniger wichtig sind auch Ihre Niederlagen und Misserfolge. Hier interessiert vor allem, auf welche Art und Weise Sie es geschafft haben, diese Niederlagen zu überwinden. Auch hierin liegen persönliche Stärken, denn ebenso wichtig wie Erfolge zu erringen ist es, Niederlagen zu überwinden. Beide Kategorien sind wesentliche Ansatzpunkte für unsere Anforderungskriterien. Sie gilt es jetzt herauszuarbeiten, damit sie für Ihre Selbständigkeit möglichst nutzbringend eingesetzt werden können.

Erfolgsbilanz

Meine bisher größten Erfolge waren:
_____
_____
_____

Welche angestrebten Erfolge konnten bisher nicht erreicht werden?
_____
_____
_____

Aus welchen Gründen wurden die Erfolge nicht erreicht?
_____
_____
_____

Misserfolgsbilanz

Meine bisher größten Misserfolge waren:
_____
_____
_____

Worauf waren diese Misserfolge zurückzuführen?
_____
_____
_____

Was hat dabei am meisten gefehlt?
_____
_____
_____

Wie wurden diese Misserfolge überwunden?
_____
_____
_____

Was hat mir dabei am meisten geholfen?
_____
_____
_____

3.3.4 Ihr Stärken- und Schwächenprofil

Überprüfen Sie nun Ihren bisherigen Lebensweg in Bezug auf jene Bereiche, in denen Ihre besonderen Stärken und Schwächen liegen, und wie sich diese zu einem Erfolgsprofil für Ihre Gründung zusammenstellen lassen.

Meine zur Zeit größten Stärken:

_____

_____

Wie können diese für meine Gründung genutzt werden?

_____

_____

Welche Engpässe müssen dazu vorher noch überwunden werden?

_____

_____

Meine zur Zeit größten Schwächen:

_____

_____

Meine größten persönlichen Belastungen:

_____

_____

Im Privatbereich existieren noch folgende größere Konflikte:

_____

_____

Welche Maßnahmen sollen hier ergriffen werden?

_____

_____

Schlüsselfaktor: Stärken-Schwächen-Profil											
Bitte bewerten Sie durch Ankreuzen:	Schwächen				durchschnittlich					Stärken		
Wie bewerten Sie Ihre Stärken und Schwächen im Vergleich. Was überwiegt?	0	10	20	30	40	50	60	70	80	90	100

Wie sieht nun das konkrete Anforderungsprofil Ihres Vorhabens aus und welche unternehmerischen Merkmale sind mit welchen Ausprägungen gefordert? Nehmen Sie dazu die nachfolgenden Testunterlagen zur Hand und arbeiten Sie alle Fragen gründlich durch. Stellen Sie sich dabei vor, Sie sind schon Unternehmer und müssen sich täglich neu im harten Wettbewerb am Markt gegenüber der Konkurrenz behaupten. Über welche Qualifikationen müssen Sie dabei verfügen? Sollten Sie bei einigen Fragen Schwierigkeiten haben, die für Sie zutreffende Ausprägung zu finden, stellen Sie sich Ihren stärksten Konkurrenten am Markt vor und orientieren Sie das Anforderungsprofil Ihres Unternehmens am Leistungsprofil der Unternehmerpersönlichkeit, mit der Sie später im Wettbewerb am Markt konkurrieren müssen. Reflektieren Sie dann jede der aufgeworfenen Fragen vor dem Hintergrund der unternehmerischen Fähigkeiten Ihres stärksten Konkurrenten.

3.3.5 Die kritische Selbstprüfung als Schnellanalyse

Wir möchten Ihnen im Folgenden ermöglichen, eine sogenannte Schnellanalyse in Form einer „Kritischen Selbstprüfung" als Selbsttest durchzuführen.

Vorab aber noch einige Vorbemerkungen zur Verfahrensweise bei der Durchführung des Tests. Es ist eine Erkenntnis der Psychologie, dass Ihr Erfolg als selbständiger Unternehmer stärker von Ihrer inneren Verfassung abhängt als von äußeren Umständen. Wir wollen daher zunächst einmal prüfen, ob Ihre innere Verfassung den neuen und unbekannten Anforderungen gewachsen sein wird. Die Erfahrung in der Gründungsberatung hat in diesem Punkt gezeigt, dass bei vielen Existenzgründern die Gefahr besteht, dass häufig Wunschbild und Wirklichkeit vertauscht werden oder nicht immer klar zu trennen sind. Für unsere Bestandsaufnahme ist es aber von hohem Informationswert zu sehen, wo konkret die Kluft zwischen Realität und Wunschbild am größten ist. Dazu sollten Sie den gesamten Test in mehreren Phasen absolvieren. Das Konzept, nach dem wir dabei vorgehen, lautet:

1. **Wunschbild** Skizzieren Sie kurz die Wünsche und Ziele, die Sie mit Ihrem Schritt in die Selbständigkeit gerne erreichen möchten.

2. **Selbstbild** Beurteilen Sie sich in einer Situationsanalyse selbst so, wie Sie sich sehen, bzw. von anderen gerne gesehen werden möchten.

3. **Fremdbild** Lassen Sie Ihre unternehmerische Eignung mit all Ihren Kenntnissen und Fähigkeiten durch Fremde beurteilen.

Wichtig ist, dass Sie sich stets klar vor Augen halten, dass dieser Test keine Wertung Ihrer Person darstellt, sondern lediglich eine Inventur oder Bestandsaufnahme Ihrer Fähigkeiten. Daher benötigen wir auch die drei Beurteilungs-Richtungen, Wunschbild, Selbstbild und Fremdbild. Nur die Bereiche, in denen alle drei Beurteilungen übereinstimmen sind stabil. Eigenschaften und Verhaltensweisen, die unterschiedlich beurteilt werden, sind dagegen wichtige Anhaltspunkte für vertiefende Analysen.

Die Durchführung des Tests nach dem Drei-Phasen-Konzept

Die Erfassung Ihrer unternehmerischen Eignung wollen wir nun in verschiedenen Phasen aus unterschiedlichen Blickwinkeln untersuchen.

1. Phase: Wunschbild

In einer ersten Phase sind Sie alleine gefordert. Ziehen Sie sich dazu in ein stilles Kämmerlein zurück, in dem Sie sich ungestört mit sich selbst beschäftigen können. Hier entwerfen Sie zunächst einmal das Wunschbild Ihrer beruflichen Zukunft. Anschließend wollen wir uns dann im Zuge einer Selbstfindung zwischen Wunsch und Wirklichkeit langsam der Realität nähern. Umsetzbar ist zwar letztlich nur das Machbare, aber Ihre Wünschen und Vorstellungen sind auch wichtig, denn von ihnen geht die notwendige Motivationskraft aus, die jeder Mensch benötigt, wenn er etwas so Außergewöhnliches im Leben leisten will, wie ein Unternehmen zu gründen. Außerdem braucht der Mensch ständig Maßstäbe zur Beurteilung seiner Leistung. Setzen wir also zunächst einmal die Maßstäbe für Ihre zukünftigen Aktivitäten.

Dazu sollten Sie vor der Beantwortung der eigentlichen Testfragen noch einmal in sich gehen, sich noch einmal sehr intensiv mit sich selbst beschäftigen und sich dabei über die Grundvorstellungen Ihrer beruflichen Zukunft Klarheit verschaffen. Fragen Sie sich, was Sie eigentlich persönlich für sich selbst wollen. An welchen Grundwerten orientieren Sie Ihr Leben? Ist es Sicherheit und Geborgenheit oder Selbstverwirklichung und Erfolg? Welchen Wert haben für Sie Familie, Wohnort, Eigentum, Einkommen, Prestige, Freiheit, Anerkennung? Denken Sie daran, dass unternehmerischer Erfolg nicht in jedem Falle auch gleichbedeutend ist mit privatem Glück. Fragen Sie sich also bei der Formulierung Ihres beruflichen Entwicklungswunsches auch, warum Sie sich für die berufliche Selbständigkeit im Gegensatz zur abhängigen Beschäftigung entscheiden wollen.

Die Entwicklung Ihrer Wunschziele

Machen Sie sich aber auch klar, was Sie mit Ihrer Gründung überhaupt erreichen wollen, was Ihre Lebensziele sind und welche Rahmenbedingungen es einzuhalten gilt. Versuchen Sie dabei, Ihrer Gründungsidee zunächst einmal ein klares Ziel zuzuordnen, und zwar ein Ziel, das Ihre Vorstellungen von Ihrem zukünftigen Unternehmen verkörpert. Durch dieses bewusste Setzen eines konkreten Zieles entsteht in Ihnen unbewusst ein bestimmter Spannungszustand, der die Wirkung einer Antriebskraft hat und auch bei Störungen erst aufgelöst wird, wenn dieses Ziel erreicht ist. Dadurch werden die für Ihre Gründung notwendigen Energien für wichtige Aufgaben zielgerichtet mobilisiert, statt die Kräfte für unwichtige Dinge zu verwenden. Man konzentriert plötzlich alle Kräfte und Aktivitäten auf das, was man erreichen will. Sie werden Ihre Gründung dann als die besondere Herausforderung Ihres Lebens verstehen, die dann nur noch Handlungen auslöst, die auf die Erreichung dieses Zieles ausgerichtet sind. Verschaffen Sie sich also vor dem Hintergrund Ihres bisherigen Lebensweges Klarheit über das, was Sie in Zukunft erreichen wollen.

1. Was ist mein Ziel? Was will ich mit meiner Existenzgründung überhaupt erreichen?
2. Welche Voraussetzungen sind zu erfüllen, damit meine Wünsche und Vorstellungen erreichbar werden?
3. Sind die zugrundegelegten Wünsche und Vorstellungen miteinander vereinbar?

Bei der Beantwortung dieser Fragen ist es zunächst unerheblich, ob Sie Ihre Wünsche und Vorstellungen als realistisch oder als utopisch einschätzen. Dieser Aspekt wird später noch einmal gründlich überprüft. Hier ist es zunächst wichtig herauszufinden, was die groben Leitlinien Ihrer zukünftigen Entwicklung sind, was Sie also in den nächsten Jahren anstreben wollen. Machen Sie sich dabei klar, mit welchen Ereignissen Sie in den nächsten Jahren rechnen müssen und schreiben Sie nun alle Wunschziele auf die Sie in naher und ferner Zukunft haben.

Die Konkretisierung der Wunschziele

Langfristige Leitlinien: Was wollen Sie in den nächsten 20 Jahren erreichen?

_____

_____

Mittelfristige Vorstellungen: Was wollen Sie in den nächsten 5 Jahren erreichen?

_____

_____

Kurzfristige Wünsche: Was wollen Sie in den nächsten 12 Monaten erreichen?

_____

_____

Versuchen Sie bei der Beantwortung dieser Fragen auch festzustellen, inwieweit Ihre Erwartungen an die berufliche Selbständigkeit mit Ihren Erfahrungen aus der Vergangenheit, mit Ihrer derzeitigen Situation und Ihren persönlichen Fähigkeiten in Einklang zu bringen sind. Es geht also um die Frage, ob Sie nach Ihrem Schritt in die Selbständigkeit mit Ihrem beruflichen Los auch tatsächlich zufrieden sein werden. Und dies hängt u. a. auch davon ab, ob sich mit Ihren persönlichen Voraussetzungen Ihre Erwartungen erfüllen lassen oder nicht. Und genau das wollen wir möglichst schon weit im Vorfeld Ihrer Gründung feststellen.

2. Phase: Selbstbild

Für die zweite Phase des Tests haben wir Ihnen einen kleinen Katalog von Prüffragen zusammengestellt, der als Selbsttest dem Abschätzen der persönlichen Fähigkeiten und Ihrer fachlichen Eignung dient. Nehmen Sie die Testunterlagen zur Hand und arbeiten Sie alle Fragen gründlich durch. Wie beim Anforderungsprofil stellen Sie sich auch jetzt vor, Sie sind tatsächlich Unternehmer geworden und müssen sich nun täglich neu im harten Wettbewerb am Markt gegenüber Ihrem stärksten Konkurrenten behaupten. Reflektieren

Sie dabei jede der aufgeworfenen Fragen vor dem Hintergrund der unternehmerischen Fähigkeiten Ihres stärksten Konkurrenten gegenüber Ihren eigenen Fähigkeiten. Sind Sie in allen Punkten Ihren Konkurrenten gewachsen, oder droht Ihnen schon bei der ersten harten Auseinandersetzung am Markt der Untergang? Lesen Sie zusätzlich auch in Ihren Schulzeugnissen und in den Zeugnissen Ihrer verschiedenen Arbeitgeber nach, denn manchmal haben Lehrer und Vorgesetzte ganz zutreffende Beurteilungen abgegeben. Eine Einzelbeurteilung ist zwar immer problematisch, aber versuchen Sie durch Herausfinden bestimmter Grundzüge und immer wiederkehrender Gemeinsamkeiten den Tatsachen näher zu kommen.

3. Phase: Fremdbild

In der dritten Phase des Tests lassen Sie nun Ihre Fähigkeiten durch eine Person Ihres Vertrauens „fremdbewerten", denn die Meinung eines anderen Menschen kann sehr wertvoll sein, wenn es eine fundierte Meinung ist, denn andere sehen oft Dinge, deren Bedeutung man selbst unterschätzt oder völlig übersehen hat. Dabei ist ein möglichst ausgewogenes Meinungsbild von solchen Menschen wichtig, die Ihre persönliche und fachliche Qualifikation realistisch einschätzen können.

Wählen Sie also zunächst eine Person Ihres Vertrauens aus. Das kann Ihr (Ehe) Partner bzw. Lebensgefährte sein, wenn er selbst nicht bei Ihrer Gründung mitmacht. Es kann aber auch ein langjähriger Freund oder Verwandte sein. In jedem Falle aber ein vertrauter Mensch, der Sie persönlich mit all Ihren Stärken und Schwächen schon seit längerem wirklich gut kennt und auch Ihr Vorhaben möglichst realistisch beurteilen kann. Wenn diese Person dann auch noch in der Lage ist, über alle Problemfelder offen mit Ihnen zu diskutieren, sollten Sie die einzelnen Fragen des Tests nochmals gemeinsam durchgehen und versuchen, ein unternehmerisches Stärken- und Schwächenprofil für Ihre Person zu erarbeiten.

Dazu legen Sie sich zweckmäßigerweise eine Liste mit den beim Fremdtest offensichtlich gewordenen Stärken und Schwächen an und versuchen Sie auf dieser Grundlage dann mit Ihrem Gegenüber zu klären, wie man erkennbare Stärken sinnvoll ausbauen und die deutlich gewordenen Schwächen beheben kann. Sie werden erstaunt sein, welche wichtigen Informationen Sie auf diese Art und Weise zusätzlich gewinnen. Und zwar Informationen darüber, wie andere Sie einschätzen und sie sehen.

Besonders wirksam ist dabei, wenn Sie den Ihnen vertrauten Menschen erst gar nicht über Ihre Selbsteinschätzung informieren, sondern ihm gleich die Testfragen vorlegen. Die Ergebnisse sind dann wesentlich wertvoller, da Sie nicht durch Ihre eigene Einschätzungen beeinflusst wurden. In einem Vergleich können Sie dann aufschlußreiche Abweichungen, interessante Bestätigungen, ja Verstärkungen und sonstige Hinweise finden.

Wenn möglich sollten Sie anschließend noch ein Expertengespräch mit Ihrem Berater führen. Mit ihm sollten Sie auch den gesamten Fragenkatalog diskutieren und letztlich auch gemeinsam auswerten. Die dabei offensichtlich gewordenen Stärken, aber auch Ihre persönlichen Schwächen und Defizite werden jetzt aber nicht mehr nur kritisch hinterfragt, sondern es können jetzt schon konkrete Maßnahmen zum Einsatz Ihrer persönlichen Stärken und vor allem aber der Behebung erkannter Schwächen geplant und vorbereitet werden.

Schlüsselfaktor: Realitätsnähe												
Bitte bewerten Sie durch Ankreuzen:		sehr gering			durchschnittlich					sehr hoch		
Wie hoch schätzen Sie aufgrund der Testergebnisse die Realitäts-Nähe Ihrer Gründungs-Konzeption ein?	0	10	20	30	40	50	60	70	80	90	100

Die Entwicklung eines Anforderungsprofils und eines Persönlichkeitsprofils

Durch Durchführung des nachfolgenden Tests legen Sie zunächst im Kästchen „Anforderungskriterien" das für Ihre Gründung notwendige Anforderungsprofil fest. Dann sollten Sie die Ausprägung dieses Kriteriums bei Ihnen anhand von jeweils fünf Merkmalen untersuchen. Kreuzen Sie den Grad der Übereinstimmung auf der Skala von 1 bis 10 an und tragen Sie den Punktwert in das Kästchen rechts daneben ein. Auf diese Weise entwickeln wir dann Frage für Frage sowohl das Anforderungsprofil, als auch das Persönlichkeitsprofil. Zum Schluss werden wir dann auf der Grundlage eines Vergleichs beider Profile als Ergebnis das Erfolgsprofil Ihrer Gründung erarbeiten, dass möglichst alle Ihre Stärken hervorhebt, vor allem aber die noch vorhandenen Schwachstellen deutlich macht, die vor dem Start noch behoben werden müssen. Unsere Strategie lautet somit: Stärken verstärken und Schwächen abbauen. Dann sollte es uns gelingen, die Stärken Ihrer Person auf die Chancen im Markt zu fokussieren.

Anforderungskriterium: Unternehmer-Profil

Bitte bewerten Sie durch Ankreuzen: sehr schwach   durchschnittlich   sehr stark

Wie ausgeprägt ist das unternehmerische Profil bei Ihrem stärksten Konkurrenten?

0	10	20	30	40	50	60	70	80	90	100

Persönlichkeitskriterium: Unternehmer-Profil

Ausprägung bei mir:

Kriterium	sehr schwach		mäßig schwach			mittel stark			sehr stark		Punkte
Kaufmännische Qualifikation	10	20	30	40	50	60	70	80	90	100	☐
Fachliche Qualifikation	10	20	30	40	50	60	70	80	90	100	☐
Strategisches Denken	10	20	30	40	50	60	70	80	90	100	☐
Wirtschaftliches Denken	10	20	30	40	50	60	70	80	90	100	☐
Realitätssinn	10	20	30	40	50	60	70	80	90	100	☐

Bilden Sie hier den Durchschnittswert. Addieren Sie also die Punkte und dividieren Sie den Wert durch 5:   **Unternehmer-Profil:** ☐

Kaufmännische Qualifikation

Kaufmännische Qualifikation ist in der Regel zur Führung jedes Unternehmens notwendig. Für Ihren wirtschaftlichen Erfolg ist daher sehr wichtig, dass Sie sich in Bereichen gut auskennen, in denen Sie möglicherweise bisher noch nicht gearbeitet haben. Hierzu gehören Rechnungswesen, Kostenrechnung und Kalkulation, Betriebsorganisation, Planung usw.

Fachliche Qualifikation

Als zweites sollten Sie der Frage nachgehen, welche Qualifikation in fachlicher Hinsicht erforderlich ist, um Ihr Vorhaben zum Erfolg zu führen. Welche technischen oder kaufmännischen Voraussetzungen sind also hier von Ihnen gefordert? Sind es Fachkenntnisse in Buchführung oder die Beherrschung einer wichtigen Fremdsprache? Wichtig ist auch zu wissen, ob nach den Vorschriften der Gewerbeordnung oder der Handwerksordnung bestimmte fachliche Qualifikationen erforderlich sind, wie z. B. die Meisterprüfung, eine Ausbilderprüfung, eine Personenbeförderungslizenz, bestimmte Konzessionen, Sachkundenachweise usw.

Strategisches Denken

Jede Neugründung ist immer auch eine strategische Aufgabe für ihren Initiator, der idealerweise eine Person ist, die sich nicht von augenblicklichen Bedürfnissen leiten lässt, sondern ihr Verhalten an langfristigen Zielen ausrichtet. Dazu bedarf es einer strategischen Ausrichtung des Denkens auf das Ganze, auf das eigentliche Gründungsziel hin. Man muss klare Vorstellungen von dem haben, was man will, und der feste Glaube an den eigenen Erfolg darf nicht fehlen. Beides zusammen, gepaart mit einem selbstsicheren Vertrauen in die eigenen Fähigkeiten gewinnt dann schnell den Charakter einer sich selbst erfüllenden Prognose.

Wirtschaftliches Denken

Hierzu gehört das kostenbewusste Denken in Aufwand und Ertrag. Dies bedeutet, alles Handeln ist ergebnisorientiert und zielführend auf den betrieblichen Erfolg ausgerichtet.

Realitätssinn

Realitätssinn bedeutet, die Zielsetzung des Gründungsvorhabens stets im Auge zu halten und dabei gleichzeitig einen ausgeprägten Sinn für das Machbare zu entwickeln. Also eine optimistisch-begeisterungsfähige Grundhaltung mit einer Hand an der Euphoriebremse.

Anforderungskriterium: Führungsfähigkeit

Bitte bewerten Sie durch Ankreuzen: sehr schwach   durchschnittlich   sehr stark

Wie hoch schätzen Sie die Führungsfähigkeiten bei Ihren stärksten Konkurrenten ein?

0	10	20	30	40	50	60	70	80	90	100

Persönlichkeitskriterium: Führungsfähigkeiten

Ausprägung bei mir:

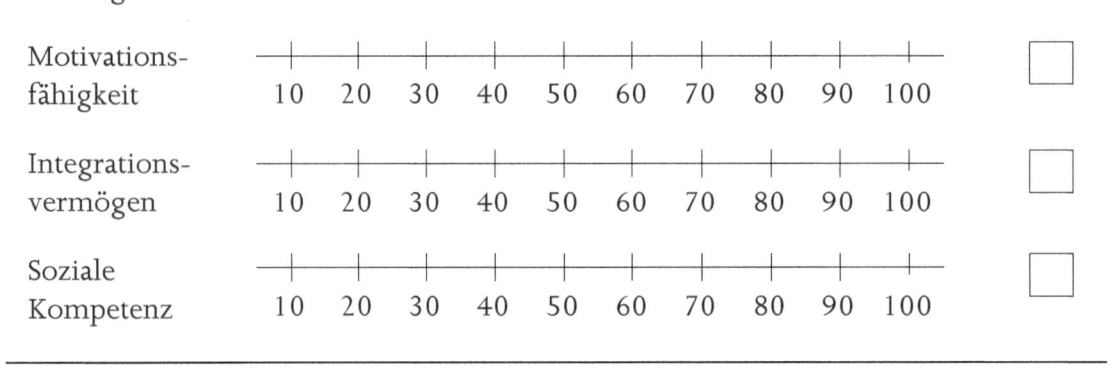

Kriterium	sehr schwach	mäßig schwach	mittel stark	sehr stark	Punkte
Entscheidungs-fähigkeit	10 20	30 40 50	60 70 80	90 100	☐
Durchsetzungs-vermögen	10 20	30 40 50	60 70 80	90 100	☐
Motivations-fähigkeit	10 20	30 40 50	60 70 80	90 100	☐
Integrations-vermögen	10 20	30 40 50	60 70 80	90 100	☐
Soziale Kompetenz	10 20	30 40 50	60 70 80	90 100	☐

Bilden Sie hier den Durchschnittswert. Addieren Sie also die Punkte und dividieren Sie den Wert durch 5:   **Führungsfähigkeit:** ☐

Mit Führungsfähigkeit meinen wir jene Aktivitäten, die sich auf die Mitarbeiter im Sinne klarer Entscheidungen und konsequenter Durchsetzung beziehen, sich aber an die Förderung des Gruppenverhaltens und an die Motivation der Mitarbeiter richten. Gefordert sind hier also neben Entscheidungsfähigkeit und Durchsetzungsvermögen eine ausgeprägte Motivations- und Integrationsfähigkeit, vor allem aber soziale Kompetenz.

Entscheidungsfähigkeit

Entscheidungsfähigkeit bedeutet, auf unvorhersehbare Ereignisse mit hoher Entschlussbereitschaft schnell und wach zu reagieren und nicht die Dinge dem Zufall zu überlassen.

Durchsetzungsvermögen

In Punkto Durchsetzungsvermögen haben sich Gründer als erfolgreich erwiesen, die selbstbewusst und unnachgiebig ihre Ziele verfolgten und die eigenen Aufgaben trotz sich abzeichnender Schwierigkeiten in aktiver Auseinandersetzungen mit anderen konsequent zu Ende führten. Letztlich spielt hier aber auch die Art des Unternehmens eine Rolle, denn die Palette reicht von einer gewissen Robustheit im Umgang mit anderen bis zur ausgesprochenen Sensibilität in schwierigen Situationen. Als junger Bauunternehmer werden Sie sich eher illusionslos-zupackend mit den realen Gegebenheiten beschäftigen und sich unausweichlichen Sachzwängen bedingungslos fügen. Gründen Sie jedoch eine Agentur für Partnerschafts- oder Erziehungsberatung, müssen Sie sich eher feinfühlig-ästhetisch auch mit Vorstellungen und Gefühlen Ihrer Kunden auseinandersetzen.

Motivationsfähigkeit

Es wird von Ihnen erwartet, dass Sie in der Lage sind, Mitarbeiter zu motivieren. Dazu gehört eine gewisse Begeisterungsfähigkeit für die Sache und ein bestimmtes Maß an Überzeugungskraft. Sie müssen also in der Lage sein, Ihren Mitarbeitern klare und erreichbare Ziele zu setzen und die Zielerreichung mit großem Elan voranzutreiben, wobei es Ihnen gelingen muss, die Funken emotionaler Begeisterung auch auf Ihre Mitarbeiter zu übertragen.

Integrationsvermögen

In den ersten Jahren braucht man keine Mitarbeiter, sondern eine Mannschaft, ein Team, das zusammengeschweißt hinter seinem Chef steht. Nicht die Summe vieler Einzelkämpfer macht die Effizienz des Unternehmens aus, sondern die durch die Synergie-Effekte des Zusammenwirkens einer schlagkräftigen Mannschaft entstandene Gesamt-Power. Sie sollten daher über die Integrationsfähigkeit verfügen, eine Mannschaft zu formen.

Soziale Kompetenz

Soziale Kompetenz wird als die Fähigkeit beschrieben, sich in zwischenmenschlichen Situationen erfolgreich zu bewähren. Dazu ist erforderlich, dass Sie bereit sind, im Umgang mit Kunden, Lieferanten, Mitarbeitern usw. auch menschliche Unzulänglichkeiten hinzunehmen und auch emotional strapazierende Situationen durchzustehen, ohne Feindgefühle in sich aufkommen zu lassen.

Anforderungskriterium: Verhandlungsgeschick												
Bitte bewerten Sie durch Ankreuzen:		keine			durchschnittlich					sehr groß		
In welchem Umfange spielt bei Ihrem Unternehmen das Verhandlungsgeschick mit Geschäftspartnern eine wichtige Rolle		0	10	20	30	40	50	60	70	80	90	100

Persönlichkeitskriterium: Verhandlungsgeschick

Ausprägung bei mir:

Kriterium	sehr schwach	mäßig schwach	mittel stark	sehr stark	Punkte
Kontaktbereitschaft	10 20 30	40 50	60 70 80	90 100	☐
Diplomatisches Gespür	10 20 30	40 50	60 70 80	90 100	☐
Konzentrationsfähigkeit	10 20 30	40 50	60 70 80	90 100	☐
Überzeugungskraft	10 20 30	40 50	60 70 80	90 100	☐
Cleverness	10 20 30	40 50	60 70 80	90 100	☐

Bilden Sie hier den Durchschnittswert. Addieren Sie also die Punkte und dividieren Sie den Wert durch 5: **Verhandlungsgeschick:** ☐

In den ersten Jahren Ihres Unternehmerdaseins sind Sie in besonderem Maße auf ihr Verhandlungsgeschick angewiesen, denn Sie müssen nicht nur aufgrund des noch kleinen Mitarbeiterstabes fast alle Verhandlungen mit Kunden, Lieferanten und Banken selbst führen, sondern Sie befinden sich zusätzlich noch in der schwierigen Situation des Newcomers, der noch nicht über Referenzen verfügt und auch noch keine Markterfolge nachweisen kann. Hier ist die Ausprägung bestimmter Fähigkeiten wie diplomatisches Gespür, der Blick für das Wesentliche, Überzeugungskraft und auch eine gewisse Cleverness gefordert.

Kontaktbereitschaft

Zur Begründung des wirtschaftlichen Erfolgs ist es wichtig, dass Sie in der Lage sind, zu Ihren Geschäftspartnern sozial-freundschaftliche Beziehungen auf persönlicher Ebene aufzubauen. So ist ein aufgeschlossen-zugewandtes eher warmherziges Verhalten zu Stammkunden angebracht, um eine tragfähige Basis für eine langfristige Kundenbindung zu schaffen. Bei einer Gründung, deren Produkte stark vom Einmalcharakter geprägt sind und die sich stärker an Laufkundschaft wenden, wäre eine Person besser geeignet, die viel unternimmt, um schnell neue Leute kennen zu lernen.

Diplomatisches Gespür

Schon im Vorfeld jeder Existenzgründung ist eine Reihe von Verhandlungen zu führen, die eine gute Portion diplomatisches Geschick erfordert. Nicht nur die Banken sind vom Erfolg des Vorhabens zu überzeugen, sondern auch die zukünftigen Kunden müssen mit viel Diplomatie für Produkte gewonnen werden, für die es noch keine Referenzen gibt. Gefordert ist daher in diesem Punkt eine Person, die sich schnell auf die Vorstellungen anderer einstellen kann und bei sich abzeichnenden Widerständen nicht hartnäckig bei der eigenen Auffassung bleibt und auch nicht permanent versucht, sich gegen die Meinung anderer durchzusetzen. Diplomatisches Gespür zu haben heißt aber auch, gut zuhören zu können und bei seinen Äußerungen stets auch die möglichen Reaktionen anderen zu berücksichtigen.

Konzentrationsfähigkeit

Konzentrationsfähigkeit ist gefordert, wenn es darum geht, bei schwierigen Verhandlungen in belastenden Situationen sofort zu erkennen, worauf es ankommt, sich schnell auf das Wesentliche zu konzentrieren und dabei die eigenen Ziele nicht aus den Augen zu verlieren.

Überzeugungskraft

Überzeugungskraft äußert sich u. a. in der Fähigkeit, auch in harten Auseinandersetzungen die eigenen Argument gegen den Widerstand anderer so durchzusetzen, dass die gegnerische Partei sich allein durch die inhaltliche Kraft sachlicher und fachbezogener Argumente der eigenen Meinung anschließt.

Dazu gehören nicht nur genügend Kenntnisse auf dem Gebiet der Menschenführung, sondern auch eine gewisse Schlagfertigkeit in Diskussionen.

Cleverness

Cleverness äußert sich u.a. in der Fähigkeit, komplizierte Situationen schnell zu durchschauen und problematische Sachverhalte geschickt und unauffällig zu klären. Das Spektrum der Ausprägung dieses Merkmals reicht bei erfolgreichen Existenzgründern von einer gewissen Unbefangenheit, mit der komplizierte Sachverhalte angegangen werden bis zur durchdachten Überlegenheit in kritischen Situationen.

Anforderungskriterium: Verantwortungsbewusstsein											
Bitte bewerten Sie durch Ankreuzen:	sehr schwach				durchschnittlich					sehr stark	
Wie ausgeprägt ist bei Ihrer Gründung die unternehmerische Verantwortung?	0	10	20	30	40	50	60	70	80	90	100

Persönlichkeitskriterium: Verantwortungsbewusstsein

Ausprägung bei mir:

Kriterium	sehr schwach	mäßig schwach	mittel stark	sehr stark	Punkte
Gewissenhaftigkeit	10 20 30	40 50 60	70 80	90 100	☐
Vertrauensbereitschaft	10 20 30	40 50 60	70 80	90 100	☐
Urteilsfähigkeit	10 20 30	40 50 60	70 80	90 100	☐
Zuverlässigkeit	10 20 30	40 50 60	70 80	90 100	☐
Kritikfähigkeit	10 20 30	40 50 60	70 80	90 100	☐

Bilden Sie hier den Durchschnittswert. Addieren Sie also die Punkte und dividieren Sie den Wert durch 5: **Verantwortungsbewusstsein:** ☐

Die Bereitschaft, Verantwortung zu übernehmen, ist zweifellos eine der unstrittigen Anforderungen. Von jedem Existenzgründer muss gefordert werden, dass er bereitwillig, gerne und ohne zu zögern auch die Verantwortung für seine Entscheidungen übernimmt. Zum verantwortungsbewussten Handeln gehören Zuverlässigkeit und Gewissenhaftigkeit ebenso wie Vertrauensbereitschaft, Urteils- und Kritikfähigkeit.

Gewissenhaftigkeit

Das Merkmal der Gewissenhaftigkeit reicht von einer ausgeprägten Ungezwungenheit im Umgang mit Geschäftspartnern bis zum preußischen Pflichtbewusstsein eines getreuen

Beamten. Beide Extreme sind für einen Existenzgründer ungeeignete Eigenschaften. Hier ist die goldene Mitte gefragt, wobei ein bestimmtes Maß an Gewissenhaftigkeit unerlässlich ist. Ein allzu sorgloses und ungezwungenes Verhalten im Umgang mit seinen Geschäftspartnern kann schnell dazu führen, Gefahrensignale zu übersehen die nicht nur den Erfolg, sondern häufig genug auch die Existenz gefährden. Gefragt ist eine Person, die ihre Arbeit auch in schwirigen Situationen sorgfältig und gewissenhaft vorbereitet, sie gründlich und zuverlässig ausführt und vereinbarungsgemäß abliefert, ohne aber jeden Handgriff schon in der Arbeitsvorbereitung bis in alle Einzelheiten zu organisieren.

Vertrauensbereitschaft

Vertrauensbereitschaft ist eine durch Erlebnis und Erfahrung geprägte Grundhaltung, die der Existenzgründer seinen Geschäftspartnern und Mitarbeitern entgegenbringt. Wieviel an Vertrauensbereitschaft jeweils sinnvoll ist, kommt auf die geschäftlichen Gepflogenheiten der Branche an. Es gibt Geschäftsbereiche, in denen wie an einer Börse blitzschnell und auf Zuruf entschieden wird und andere Bereiche, wo nichts ohne Vorauskasse geschieht. Aber selbst in der Gastronomie ist es üblich, zuerst die Leistung zu erbringen, im Vertrauen, dass der Gast letztlich auch bezahlt. Generell kann man aber feststellen, dass im Geschäftsleben ohne einen mehr oder weniger großen Vertrauensvorschuss heute nichts mehr geht. Eine gewisse Vertrauensbereitschaft muss daher auch von jedem Existenzgründer erwartet werden. Nur auf das richtige Maß kommt es an.

Urteilsfähigkeit

Eine gesunde Urteilsfähigkeit gehört ebenfalls zu den Grundvoraussetzungen im Anforderungsprofil eines zukünftigen Jungunternehmers. Gefragt ist eine Arbeitshaltung, die von den Bedürfnissen und den Erfordernissen der jeweiligen Situation ausgeht und vor dem Hintergrund des eigenen Wertesystems stets abwägt, was zu tun ist.

Zuverlässigkeit

Hier stellt sich die Frage nach der Verlässlichkeit von Terminzusagen, Qualitätsvereinbarungen, Verfahrensabsprachen usw. Der erfolgreiche Existenzgründer unserer Prägung steht zu seinen Zusagen, und man kann sich auch in kritischen Situationen auf ihn verlassen. Bei schwierigen Aufgaben gibt er nicht allzu schnell auf, sondern führt seine Arbeiten trotzdem zuverlässig zu Ende.

Kritikfähigkeit

Das gleiche gilt für die Kritikfähigkeit. Eine Person, die nicht bereit ist, die eigene Meinung zur Diskussion zu stellen und kritisch zu reflektieren, taugt wenig zum Unternehmer. Bei der heutigen Dynamik der Märkte ändern sich die Grundlagen und Rahmenbedingungen des Wirtschaftens ständig, so dass eine gestern noch richtige Entscheidung heute schon falsch sein kann. Ein kritikloses Festhalten an einer einmal getroffenen Entscheidung führt leicht dort zur Erstarrung, wo Flexibilität gefordert ist.

Anforderungskriterium: Leistungsbereitschaft											
Bitte bewerten Sie durch Ankreuzen:	sehr schwach				durchschnittlich					sehr hoch	
Wie schätzen Sie die Leistungsbereitschaft bei Ihrem stärksten Konkurrenten ein?	0	10	20	30	40	50	60	70	80	90	100

Persönlichkeitskriterium: Leistungsbereitschaft

Ausprägung bei mir:

Kriterium	sehr schwach	mäßig schwach	mittel stark	sehr stark	Punkte
Leistungsmotivation	10 20 30	40 50	60 70	80 90 100	☐
Einsatzfreude	10 20 30	40 50	60 70	80 90 100	☐
Erfolgswille	10 20 30	40 50	60 70	80 90 100	☐
Belastbarkeit	10 20 30	40 50	60 70	80 90 100	☐
Stressstabilität	10 20 30	40 50	60 70	80 90 100	☐

Bilden Sie hier den Durchschnittswert. Addieren Sie also die Punkte und dividieren Sie den Wert durch 5:   **Leistungsbereitschaft:** ☐

Für die überwiegende Zahl der Experten ist das Leistungsmotiv das Unternehmermotiv schlechthin. Zur Dimension Leistungsbereitschaft gehören daher neben der Leistungsmotivation vor allem die Merkmale Einsatzfreude, Erfolgswille, Belastbarkeit und Stressstabilität.

Leistungsmotivation

Die Leistungsmotivation wird als die typische Antriebsquelle für den Wechsel in die unternehmerische Selbständigkeit betrachtet und beinhaltet, dass hochmotivierte Gründer die eigene Leistung in einem Einkommen finden, das einer direkt zurechenbaren Leistung entspringt.

Einsatzfreude

Einsatzfreude setzt eine hohe Leistungsbereitschaft voraus, um die erforderliche Leistung zu aktivieren. Dazu gehört, dass man sich zielstrebig und mit viel Freude für die eigene Sache engagiert und - von der Spontaneität seiner Ideen getragen - stets nach neuen Zielen strebt.

Erfolgswille

Unterstützt werden Leistungsbereitschaft und Einsatzwille durch einen eisernen Erfolgswillen als der Triebkraft, die allen Bemühungen Richtung und Inhalt verleiht. Es ist also wichtig, dass Sie sich Ihren neuen Aufgaben zuversichtlich und ohne Ängste stellen.

Belastbarkeit

Zum Leistungsmotiv gehört die Belastbarkeit in schwierigen Situationen. Je nach Gründungsart ist es außerordentlich wichtig, auch unter extremen Belastungen einen klaren Kopf zu behalten und eher rational als emotional zu handeln. Gefordert ist dann eine hohe Widerstandsfähigkeit gegenüber Störungen bei der Arbeit.

Stressstabilität

Schon bei ersten Misserfolgen werden sich schnell kritische Situationen ergeben, die Sie so stark beanspruchen, dass der durchschnittlich Mensch schon nervös wird und eher dazu neigt aufzugeben. Gefordert ist hier eine Person, die schon von vornherein mit den Widrigkeiten des Arbeitslebens rechnet, in Konfliktsituationen auch über längere Zeit gelassen bleibt, in aller Ruhe abwartet und kritische Situationen daher leichter übersteht.

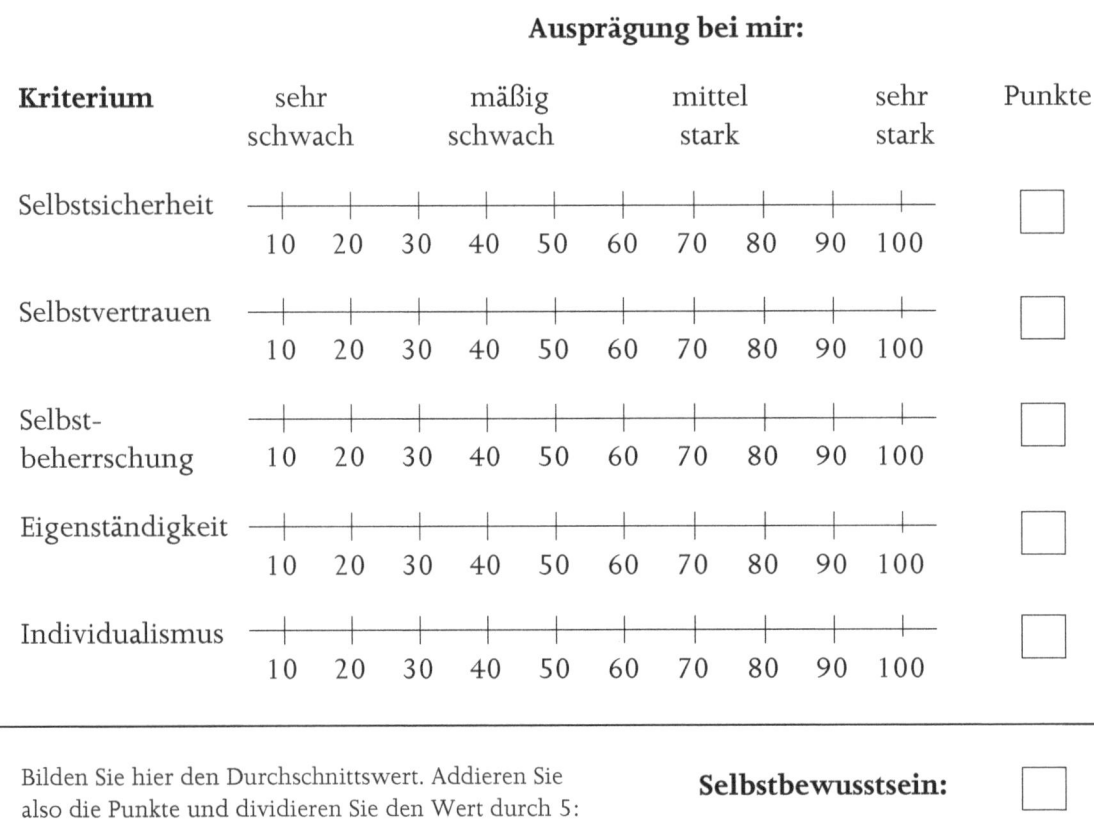

Das Institut für Demoskopie Allensbach kommt in seinen Untersuchungen zu der Feststellung, dass sich bei einer Selbsteinschätzung nur 22 % der Selbständigen als sehr selbstbewusst einstufen, während dies 31 % derjenigen tun, die sich nicht selbständig machen wollen. Wir wollen uns daher im Folgenden mit der Erfolgsdimension „Selbstbewusstsein" unter dem Gesichtspunkt der Selbstsicherheit, des Selbstvertrauens, der Selbstbeherrschung, der Eigenständigkeit und des Individualismus bei erfolgreichen Unternehmern etwas näher auseinandersetzen.

Selbstsicherheit

Bei vielen erfolgreichen Existenzgründern ist eine generelle Tendenz zum vorsichtigen Optimismus zu beobachten, der meist im Zusammenhang mit einer überdurchschnittlichen Selbstsicherheit steht. Der erfolgreiche Existenzgründer macht einerseits einen zufriedenen und ausgeglichenen Eindruck, liebt andererseits aber auch die aktive Auseinandersetzung mit seinem Gegenüber.

Selbstvertrauen

Ein gesundes Selbstvertrauen ist eine wichtige Voraussetzung für den Erfolg, denn der Weg in die Selbständigkeit führt durch viele Höhen und Tiefen. Erfolge und Misserfolge lösen einander ab. Jemand, der beim Auftreten der ersten Probleme schon in große Besorgtheit verfällt, ist hier kaum gefragt. Gefordert ist eine Person, die sich den neuen Anforderungen zuversichtlich und ohne Ängste stellt und die auf ihre Fähigkeit vertraut, auch in außergewöhnlichen Situationen mit allem fertig zu werden.

Selbstbeherrschung

Das Merkmal der Selbstbeherrschung reicht in seiner Ausprägung von einer ausgesprochenen Selbstkontrolle bis zur Spontaneität in Entscheidungssituationen. Hier steht also einem disziplinierten und zielstrebigem Verhalten im anderen Extrem eine Person gegenüber, die spontan ihren momentanen Einfällen folgt. Je nach Anforderung des Gründungsvorhabens ist eine Persönlichkeit gefordert, die ihre Gefühle unter Kontrolle hat und sich in Entscheidungssituationen ernsthaft auf bestimmte Absichten festlegt.

Eigenständigkeit

Ein gewisses Maß an Eigenständigkeit gehört selbstredend zu jedem Jungunternehmer. Jemand, der sich erfolgreich gegenüber seinen Konkurrenten am Markt durchsetzen will, muss in der Lage sein, eigene Wege zu gehen, Entscheidungen unabhängig zu treffen und selbständig zu handeln. Dazu gehört auch, dass man bei Schwierigkeiten zunächst einen Ausweg aus eigener Kraft sucht, ehe man sich der Solidarität der Gruppe anvertraut.

Individualismus

Eng verbunden mit der Eigenständigkeit des Existenzgründers ist auch sein Individualismus. Der Individualist unternehmerischer Prägung trägt die Gesetze seines Handelns in sich und braucht bei seiner Arbeit weniger die Anerkennung und Bewunderung durch andere, sondern zieht es vor, die wesentlichen Entscheidungen nach eigenem Ermessen allein zu treffen.

Anforderungskriterium: Intelligenz

Bitte bewerten Sie durch Ankreuzen: sehr schwach   durchschnittlich   sehr hoch

Mit welchem Intelligenzgrad müsste man bei Ihrem Vorhaben am Markt auftreten?

0	10	20	30	40	50	60	70	80	90	100

Persönlichkeitskriterium: Intelligenz

Ausprägung bei mir:

Kriterium	sehr schwach	mäßig schwach	mittel stark	sehr stark	Punkte
Logisches Denken	10 20	30 40	50 60 70	80 90 100	☐
Abstraktionsvermögen	10 20	30 40	50 60 70	80 90 100	☐
Auffassungsgabe	10 20	30 40	50 60 70	80 90 100	☐
Analytische Begabung	10 20	30 40	50 60 70	80 90 100	☐
Konzeptionelle Fähigkeiten	10 20	30 40	50 60 70	80 90 100	☐

Bilden Sie hier den Durchschnittswert. Addieren Sie also die Punkte und dividieren Sie den Wert durch 5:   **Intelligenz:** ☐

Wer sich als Unternehmer erfolgreich selbständig machen will, braucht außer in einigen exotischen Branchen weniger Skrupel und Feinfühligkeit, dafür aber einen ausgeprägten Scharfsinn, eine emotionale Ausgeglichenheit und vielleicht auch etwas Intelligenz.

Logisches Denken

Hier geht es um die Fähigkeit, Zusammenhänge zu erkennen und Beziehungen herzustellen.

Abstraktionsvermögen

Abstraktionsvermögen bedeutet, weniger an konkretes und gegenständliches, sondern an abstraktes und logisches Denken gewöhnt zu sein.

Auffassungsgabe

Hier ist gefragt, nicht nur einfache und unkomplizierte, sondern auch schwierige und komplizierte Probleme schnell und richtig zu erkennen. Der erfolgreiche Existenzgründer reagiert bei der Arbeit schnell und wach und hält sich nicht allzu lange mit einer Sache auf.

Analytische Begabung

Erfolgreiche Existenzgründer neigen dazu, Probleme eher pragmatisch anzugehen und vermeiden dabei, Problemlösungen auf theoretisch-analytischem Wege zu erarbeiten. Statt analytischer Begabung hat man bei Existenzgründern eher eine Tendenz zum Entweder-Oder-Denken festgestellt.

Konzeptionelle Fähigkeiten

Bei unternehmerischem Handeln geht es selten um die Frage eines Richtig oder Falsch, sondern um die abgestimmte Verfolgung weiter in der Zukunft liegender Ziele. Dazu sind konzeptionelle Fähigkeiten erforderlich, die sich darin ausdrücken, dass man komplexe Handlungsstrategien gedanklich entwickelt, in Teilziele legt und dann konsequent in Aktivitäten umsetzt. Je nach Gründungsart ist diese Fähigkeit mehr oder weniger stark gefordert.

Anforderungskriterium: Initiativkraft												
Bitte bewerten Sie durch Ankreuzen:		sehr schwach			durchschnittlich					sehr stark		
Wie ausgeprägt ist die Initiativkraft bei Ihrem stärksten Konkurrenten?		0	10	20	30	40	50	60	70	80	90	100

Persönlichkeitskriterium: Initiativkraft

Ausprägung bei mir:

Kriterium	sehr schwach	mäßig schwach	mittel stark	sehr stark	Punkte
Kreativität	10 20	30 40 50	60 70 80	90 100	☐
Einfallsreichtum	10 20	30 40 50	60 70 80	90 100	☐
Flexibilität	10 20	30 40 50	60 70 80	90 100	☐
Antriebsspannung	10 20	30 40 50	60 70 80	90 100	☐
Eigeninitiative	10 20	30 40 50	60 70 80	90 100	☐

Bilden Sie hier den Durchschnittswert. Addieren Sie also die Punkte und dividieren Sie den Wert durch 5: **Initiativkraft:** ☐

Schon Schumpeter sah den Unternehmer als die treibende Kraft, als den Motor der Wirtschaft an, dessen wesentlicher Zug in seiner eigenen Antriebsstärke zu sehen ist. Er prägte den Begriff des dynamischen Unternehmers, der neue Kombinationen durchsetzt. Er ist ein Mann der Tat auf wirtschaftlichem Gebiet, der je nach Situation sein Betätigungsfeld sucht und dann aus eigener Kraft **auf's Ziel** geht. Initiativkraft bedeutet in diesem Zusammenhang eine stark aufgabenbezogene Verhaltensweise, die keinen Antrieb von außen benötigt. Als initiativ bezeichnet man das aufgabenbezogene Verhalten des

Existenzgründers, der ohne fremden Antrieb etwas Neues zur besseren Lösung der Probleme heranzieht. Dazu benötigt man Kreativität und Einfallsreichtum ebenso wie Flexibilität, Antriebsspannung und Eigeninitiative.

Kreativität

Kreativität ist die Fähigkeit, für Probleme ungewohnte, neue Lösungen zu finden. In verteilten Märkten ist es gerade diese Fähigkeit, mit der ein Gründer seine Kunden gewinnen wird. Kreativität ist aber genauso für die Auffindung von Marktnischen wie für die attraktive Vermarktung eines Produktes erforderlich.

Einfallsreichtum

Einfallsreichtum bezieht sich auf die Fähigkeit, aus einer ungewöhnlichen Gedankenfülle auch ungewöhnliche Ideen zu generieren und sie weiter zu entwickeln, ohne sich vorrangig darum zu kümmern, was andere davon halten. Der extrem einfallsreiche Existenzgründer verhält sich also spontan und folgt sporadisch seinen momentanen Einfällen.

Flexibilität

Flexibilität ist der Vorteil, der die kleinen Unternehmen vor den Großen auszeichnet. Diese *„Größe der Kleinen"* muss ein Existenzgründer zunächst durch seine Flexibilität realisieren. Dazu muss er Veränderungen und neuen Ideen gegenüber aufgeschlossen sein und manchmal auch bereit sein, vom Üblichen abzuweichen. Flexibilität gehört daher zu den unabdingbare Voraussetzungen für jeden Existenzgründer.

Antriebsspannung

Die Vorstellung einer durchgängigen und stark ausgeprägten Antriebskraft als typischem Merkmal für einen erfolgreichen Existenzgründer wird von einigen amerikanischen Autoren in Frage gestellt, bzw. als zeitlich punktuell auftretende Größe angesehen. Begleitet wird diese Eigenschaft aber stets von einer permanenten Ruhelosigkeit. Danach verhält sich ein Existenzgründer vor allem in der Anfangsphase meist aktiv-angespannt, ist von einer steten Ruhelosigkeit getrieben und sucht immer neue Aufgaben und Betätigungsfelder.

Eigeninitiative

Existenzgründer sind Menschen, die ihr berufliches Schicksal selbst in die Hand genommen haben. Sie haben nicht nur Initiative bewiesen, diesen Schritt zu tun, sondern benötigen auch weiterhin ein gehöriges Maß an Eigeninitiative, um ihr Vorhaben gezielt voranzutreiben. Erfolgreiche Existenzgründer sind daher Menschen, die in der Lage sind, aus eigener Kraft auf Ziel zu gehen.

Anforderungskriterium: Risikobereitschaft

Bitte bewerten Sie durch Ankreuzen: sehr schwach   durchschnittlich   sehr hoch

Wie groß muss die Risikobereitschaft sein, um den Markt erfolgreich zu erschließen und dort auch langfristig zu bestehen?

0	10	20	30	40	50	60	70	80	90	100

Persönlichkeitskriterium: Risikobereitschaft

Ausprägung bei mir:

Kriterium	sehr schwach	mäßig schwach	mittel stark	sehr stark	Punkte
Risikofreudigkeit	10 20	30 40 50	60 70 80	90 100	☐
Sicherheitsdenken	10 20	30 40 50	60 70 80	90 100	☐
Veränderungsbereitschaft	10 20	30 40 50	60 70 80	90 100	☐
Normgebundenheit	10 20	30 40 50	60 70 80	90 100	☐
Spontaneität	10 20	30 40 50	60 70 80	90 100	☐

Bilden Sie hier den Durchschnittswert. Addieren Sie also die Punkte und dividieren Sie den Wert durch 5:   **Risikobereitschaft:** ☐

Die Bereitschaft, Risiken einzugehen, verbindet sich mit den essentiellen Elementen des Unternehmerbegriffs. Es ist aber immer eine besondere Form des Risikos, nämlich das unternehmerische Risiko, das hier im Vordergrund steht. Der Existenzgründer hingegen geht eine Vielzahl unterschiedlicher Risiken ein, die üblicherweise weit über das rein unternehmerische Risiko hinausgehen. So bezieht sich das **monetäre Risiko** auf das eingesetzte Kapital, das mit der Gründung auf dem Spiel steht. Existenzgründer haften meist mit ihrem gesamten Vermögen und gegebenenfalls auch mit dem gesamten zukünftigen Lebensvermögen. Versuche der Haftungsbegrenzung werden meist von den Geldgebern durch verlangte Bürgschaften wieder zunichte gemacht. Das **Karriere-Risiko** bezieht sich auf den Verzicht auf eine Karriere als Angestellter, mindestens aber den Stillstand der Berufskarriere, oft sogar um einen Rückschritt. Das **familiäre Risiko** liegt in der hohen Arbeitsbelastung und der damit zwangsläufig verbundenen geringen Zeit für die Familie. Zu wenig Zeit für die Familie bedeutet immer auch die Gefahr für den Zusammenhalt der Familie bzw. den Bestand einer Ehe oder Partnerschaft wie auch eine Gefährdung der Kindererziehung. Das **psychische Risiko** ist begründet durch eine erhebliche emotionale Anbindung an die neuen unternehmerischen Aktivitäten. Die Gründung bekommt oftmals den Stellenwert eines Lebenswerkes, und die Gefahr des Scheiterns der Unternehmung wird häufig auch als persönlicher Misserfolg empfunden und kann mit einem erheblichen Verlust von Selbstvertrauen für den weiteren Lebensweg einhergehen.

Risikofreudigkeit

Empirische Untersuchungen zur Risikoneigung haben gezeigt, dass bei erfolgreichen Existenzgründern lediglich eine mittlere Risikoneigung vorhanden ist. Nach einer Untersuchung des Allensbacher Institutes erweisen sich Existenzgründer sogar als weniger risikofreudig als solche Personen, die zwar mit dem Gedanken der Selbständigkeit gespielt haben, aber wieder davon abgekommen sind. Eine gewisse Risikofreudigkeit sollte allerdings bei jedem Existenzgründer vorhanden sein, denn Risiko ist die Eintrittskarte in das unternehmerische Leben. Sie ist aber nur dann positiv zu beurteilen, wenn das Risiko kalkulierbar bleibt, dass heißt, wenn es geplant, zeitlich begrenzt und bei ständiger Kontrolle eingegangen wird. Der Eintritt eines Risikofalles muss also von vornherein in Betracht gezogen werden und psychisch, sozial wie auch materiell verkraftet werden können.

Sicherheitsdenken

Ein ausgeprägtes Sicherheitsdenken erkennt man daran, dass versucht wird, Schwierigkeiten eher mit bewährten Mitteln zu überwinden als nach neuen Problemlösungen zu suchen. Vom Sicherheitsdenken geprägte Existenzgründer orientieren sich stärker an rationellen Werten als an Zukunftsvorstellungen und finden sich leichter mit Schwierigkeiten ab, die es schon immer gab. Sie verhalten sich bei der Arbeit beständig und vermeiden Risiken.

Veränderungsbereitschaft

Zur Veränderungsbereitschaft gehört, dass man nicht allzu sehr auf das Bewährte und Abgesicherte vertraut, sondern neuen Ideen gegenüber aufgeschlossen ist. Existenzgründer mit hoher Ausprägung dieses Merkmals neigen dazu, Autoritäten zu widersprechen und Konventionen zu überprüfen, um sie entweder abzulehnen oder zu verändern. Sie lieben es, neue Wege auszuprobieren und gehen auch bewusst die damit verbunden Risiken ein.

Normgebundenheit

Eine hohe Normgebundenheit kennzeichnet einen Menschen, der sich weniger an eigenen Regeln und Standards orientiert, sondern sich in seinem Verhalten stärker von allgemein akzeptierten Normen und Wertvorstellungen leiten lässt. Eine geringe Normgebundenheit hingegen kennzeichnet einen Menschen, der eher ungewöhnliche Ideen entwickelt und sich weniger darum kümmert, was andere davon halten. Grundsätzlich wirkt eine hohe Normgebundenheit bei einer Existenzgründung um so hemmender, je innovativer das Vorhaben ausgerichtet ist. Innovationsfähigkeit und Normgebundenheit sollten also abwägend vor dem Hintergrund des Neuigkeitsgrades der Produkte oder Dienstleistungen gesehen werden.

Spontaneität

Spontaneität, ein Merkmal zwischen Pragmatismus oder Unkonventionalität, impliziert die Vorstellung von einer gewissen Unstetigkeit in den Zielvorstellungen, aber auch einer Unabhängigkeit von Gruppeneinflüssen. Hier denkt man unwillkürlich an eine impulsiv-begeisterungsfähige Person von hoher Eigendynamik, die sich stark von ihren momentanen Einfällen leiten lässt. Inwieweit die Ausprägung des Merkmals Spontaneität beim Existenzgründer ein wünschenswertes Kriterium ist, hängt sehr stark von der Art des Gründungsvorhabens ab und ist beim Moderator anders verlangt als beim Steuerberater.

In empirischen Untersuchungen hat sich gezeigt, dass erfolgreiche Existenzgründer im Vergleich zur Normalbevölkerung ein erheblich höheres Maß an Spontaneität besitzen. Allerdings verbindet sich mit der Spontaneität auch ein gewisser Mangel an Sorgfältigkeit.

Anforderungskriterium: Arbeitsverhalten											
Bitte bewerten Sie durch Ankreuzen: Welche Ausprägung sollte das Arbeitsverhalten in Ihrem Gründungsfall haben?		Arbeitsorientierung				teils-teils			Teamorientierung			
	0	10	20	30	40	50	60	70	80	90	100

Persönlichkeitskriterium: Arbeitsverhalten

Ausprägung bei mir:

Kriterium	sehr schwach		mäßig schwach		mittel stark		sehr stark			Punkte
Arbeits-orientierung	10 20	30	40	50	60	70	80	90	100	☐
Teamfähigkeit	10 20	30	40	50	60	70	80	90	100	☐
Kooperations-bereitschaft	10 20	30	40	50	60	70	80	90	100	☐
Kommunika-tionsfähigkeit	10 20	30	40	50	60	70	80	90	100	☐
Organisations-talent	10 20	30	40	50	60	70	80	90	100	☐

Bilden Sie hier den Durchschnittswert. Addieren Sie also die Punkte und dividieren Sie den Wert durch 5: **Arbeitsverhalten:** ☐

Beim Arbeitsverhalten soll deutlich werden, ob Sie sich anderen gegenüber eher kühl, reserviert und sachbezogen oder eher aufgeschlossen, warmherzig und zugewandt verhalten. Interessieren Sie sich also stärker für Sachen oder mehr für Menschen. Macht es ihm mehr Spaß, sich mit Sachproblemen allein auseinander zu setzen, oder arbeitet er lieber im Kontakt mit anderen.

Arbeitsorientierung

Nach dem klassischen Bild der Arbeitsorientierung erhalten wir einen Menschen, der sich am liebsten um praktische Angelegenheiten kümmert, sich bei der Arbeit eher von den Erfordernissen der jeweiligen Situation leiten lässt und an eigenen Vorstellungen festhält. Er lässt sich eher durch Zahlen und Fakten beeindrucken und erwartet weniger die Gefühlszuwendung anderer. Menschen gegenüber hat er meist eine kühle und skeptische Haltung mit einer Tendenz, alleine zu arbeiten und Kompromisse zu meiden.

Teamfähigkeit

In Bezug auf Teamfähigkeit hat sich ein Gründer bewährt, der gut im Team zusammenarbeitet, Anregungen anderer gerne aufnimmt, sich aber in letzter Konsequenz lieber auf die eigene Meinung verlässt. Im Team selbst verhält sich er sich vertrauensvoll und tolerant.

Kooperationsbereitschaft

Erfolgreiche Existenzgründer sind grundsätzlich kooperationsbereit und verhalten sich anderen gegenüber aufgeschlossen und zugewandt. Allerdings nehmen sie in wichtigen Entscheidungssituationen eine eher kritische Haltung ein, erkennen frühzeitiger Gefahrensignale und weisen deutlicher auf mögliche Folgen hin.

Kommunikationsfähigkeit

Hier zeigt sich ein Existenzgründer, der sich am Arbeitsplatz als kontaktfreudiger und gesprächiger Mensch verhält, der gerne offen aus sich heraus geht, aber weniger dazu neigt, sich gefühlsmäßig mit dem zu beschäftigen, was mit anderen geschieht.

Organisationstalent

Hinsichtlich seines Organisationstalentes zeigt sich ein Gründer, der seine Arbeit zwar sorgfältig vorbereitet, aber in manchen Situationen auch die Dinge auf sich zukommen lässt und die Probleme dann eher improvisatorisch als organisatorisch löst.

Anforderungskriterium: Ausbildungsvoraussetzungen

Bitte bewerten Sie durch Ankreuzen: unwichtig   durchschnittlich   sehr wichtig

Wie wichtig sind in Ihrer Branche eine allgemeine und fachliche Ausbildung?

0	10	20	30	40	50	60	70	80	90	100

Persönlichkeitskriterium: Ausbildungsvoraussetzungen

Ausprägung bei mir:

Kriterium	sehr schwach		mäßig schwach		mittel stark		sehr stark			Punkte
Schulische Allgemeinbildung	10	20	30	40	50	60	70	80	90	100	☐
Berufliche Ausbildung	10	20	30	40	50	60	70	80	90	100	☐
Fachliche Weiterbildung	10	20	30	40	50	60	70	80	90	100	☐
Spezialausbildung	10	20	30	40	50	60	70	80	90	100	☐
Abschlussprüfung	10	20	30	40	50	60	70	80	90	100	☐

Bilden Sie hier den Durchschnittswert. Addieren Sie also die Punkte und dividieren Sie den Wert durch 5:   **Ausbildungsvoraussetzungen:** ☐

Die Ergebnisse empirischer Untersuchungen haben gezeigt, dass eine umfassende Schulbildung und eine hochwertige Fachausbildung noch keine Garantie für den Erfolg als Unternehmer sind. Betrachtet man die Lebensgeschichten erfolgreicher Unternehmer, scheint die Schulbildung für die Selbständigkeit weniger wichtig zu sein als für das Angestelltendasein. Personalchefs weisen häufig Bewerber ab, weil ihnen ein entsprechendes Diplom fehlt. Im eigenen Unternehmen kann das nicht passieren, denn hier hängt der

> Wichtiger als die Länge der Ausbildung und der Abschlussgrad ist die Verwertbarkeit ihrer Inhalte!

Erfolg allein von Ihren unternehmerischen Fähigkeiten ab. Erfolgswirksam ist daher nicht die Zahl der Schuljahre, die Sie absolviert haben, oder die Höhe der dabei erreichen Qualifikationsstufe, sondern das, was Sie dabei für die Praxis mitbekommen haben und vor allem, was von dieser Ausbildung für die zukünftige Unternehmertätigkeit nützlich sein kann. Vielleicht ist eine Ausbildung im Schreibmaschinenschreiben wichtig für Ihre Arbeiten am PC, Fachkenntnisse in Buchführung können ebenso hilfreich sein wie die Beherrschung einer wichtigen Fremdsprache beim Export. Manchmal sind auch bestimmte Abschlussprüfungen wie z.B. die Meisterprüfung oder eine Ausbilderprüfung in einem Lehrberuf notwendige Voraussetzungen.

Schulische Allgemeinbildung

Denken Sie zurück an Ihre Schulzeit. Was ist Ihnen während Ihrer Schulzeit am leichtesten gefallen? Wofür haben Sie sich am meisten interessiert? In welche Richtung ist Ihre Entwicklung gegangen? Versuchen Sie festzustellen, ob Sie zur Ausübung Ihrer zukünftigen Tätigkeit als Unternehmer auch die notwendige schulische Allgemeinbildung besitzen.

Berufliche Ausbildung

Auch Ihre Berufsausbildung ist wichtig und Sie sollten auf jeden Fall klarstellen, ob Sie die zur Ausübung Ihrer Tätigkeit erforderlichen Voraussetzungen besitzen (z.B. Meister im Handwerk, Sachkundenachweis, Ausbilderprüfung usw.).

Fachliche Weiterbildung und Spezialabschlüsse

Prüfen Sie, welche Fachausbildung Sie mit oder ohne Abschluss besitzen.

Abschlussprüfungen

Haben Sie bestimmte Abschlüsse aufzuweisen, die in Ihren „Gründungsfach" von Bedeutung sind wie Gesellenprüfung, Technikerprüfung, Meisterprüfung, Diplom, Promotion oder sonstige Prüfungen mit Abschluss?

Anforderungskriterium: Berufserfahrung											
Bitte bewerten Sie durch Ankreuzen:	\multicolumn{3}{l}{unwichtig}		\multicolumn{3}{l}{durchschnittlich}		\multicolumn{3}{l}{sehr wichtig}	
Wie wichtig ist eine umfassende Berufserfahrung für den Erfolg Ihrer Gründung?	0	10	20	30	40	50	60	70	80	90	100

Persönlichkeitskriterium: Berufserfahrung

Ausprägung bei mir:

Kriterium	sehr schwach		mäßig schwach		mittel stark		sehr stark			Punkte
Führungs-erfahrung	10	20	30	40	50	60	70	80	90	100	☐
Kaufmännische Kenntnisse	10	20	30	40	50	60	70	80	90	100	☐
Technische Versiertheit	10	20	30	40	50	60	70	80	90	100	☐
Vertriebs-erfahrung	10	20	30	40	50	60	70	80	90	100	☐
Erfahrungen im Bereich der DV-Anwendungen	10	20	30	40	50	60	70	80	90	100	☐

Bilden Sie hier den Durchschnittswert. Addieren Sie also die Punkte und dividieren Sie den Wert durch 5: **Berufserfahrung:** ☐

Hinreichende Berufserfahrung ist eine wichtige Voraussetzungen für die Wettbewerbsfähigkeit, denn die Konkurrenten verfügen schon zwangsläufig über mehr Erfahrungen, weil sie schon länger im Markt tätig sind. Ob die Erfahrungen aus dem bisherigen Arbeitsleben aber letztlich weiterhelfen, hängt davon ab, wie nah oder wie weit die bisherige Tätigkeit von der zukünftigen Tätigkeit fachlich entfernt liegt. Führen Sie also alle Tätigkeiten auf, die Sie nach Beendigung Ihrer Ausbildung ausgeübt haben. Besonders wichtig sind dabei all jene Tätigkeiten, bei denen Sie Erfahrung für Ihre zukünftigen Aufgaben als Unternehmer sammeln konnten. Hier ist es aber nicht so wichtig, was Sie wie lange wo gemacht haben, sondern welche Erfahrungen Ihnen aus Ihrem bisherigen Arbeitsleben beim Aufbau Ihres Unternehmens weiterhelfen. Im Vordergrund stehen die dort gesammelten Erfahrungen. Mit Führungserfahrungen sind in erster Linie Erfahrungen im Umgang mit Menschen gemeint. Wenn diese Erfahrungen aus früheren Führungspositionen stammen, sind sie besonders wertvoll.

Kaufmännische Kenntnisse sind bei einer Existenzgründung besonders wichtig, weil fast jedes Unternehmen über vier Bereiche verfügt, die jeder Existenzgründer über kurz oder lang beherrschen muss.

Dies sind: 1. Unternehmensführung und Management
2. Buchhaltung und Finanzen
3. Einkauf und Produktion
4. Marketing und Verkauf

Je mehr Kenntnisse und Erfahrungen auf diesen Gebieten bereits gesammelt wurden, um so schneller kann man sich auch in neue Aufgaben einfinden.

> **Je besser Sie Ihre Berufserfahrung einbringen können, desto größer sind auch die Chancen für Ihren Erfolg!**

Zusammenfassend lässt sich feststellen, dass jede Gründung auch ein bestimmtes Maß an Berufserfahrung erfordert, möglichst als Führungserfahrung, einem Mindestmaß an kaufmännischen und technischen Kenntnissen und Erfahrungen im Umgang mit modernen Kommunikationstechniken, vor allem im DV-Bereich. Und dabei gilt: Je mehr Fachkenntnisse und Berufserfahrungen Sie auf den Gebieten Ihrer Gründung bereits gesammelt haben, um so schneller können Sie sich auch in Ihre neuen Aufgaben einfinden.

Überprüfen Sie daher auch Ihren bisherigen Berufsweg und jeden Ihrer bisherigen Jobs daraufhin, ob Ihnen Erfahrungen aus diesen Arbeitsbereichen in Ihrem eigenen Unternehmen weiterhelfen können. Wo erkennen Sie verwertbare Kenntnisse und Erfahrungen? Eine wichtige Informationsquelle hierfür bietet die Auswertung Ihrer Arbeitszeugnisse. Dabei interessiert vor allem, wie Ihre Chefs Ihre Leistungen in der Vergangenheit gesehen und bewertet haben. Legen Sie bitte für jedes Ihrer Arbeitszeugnisse eine eigene Tabelle nach untenstehendem Muster an.

Firma: .... beschäftigt als: ....

Ort: .... beschäftigt von .... bis ....

Art der im Arbeitszeugnis bescheinigten Tätigkeiten und Beurteilung der Tätigkeiten:

Art der Tätigkeit	zur vollsten Zufriedenheit	zur vollen Zufriedenheit	zu unserer Zufriedenheit	war stets bemüht	keine Angaben
....	[ ]	[ ]	[ ]	[ ]	[ ]
....	[ ]	[ ]	[ ]	[ ]	[ ]
....	[ ]	[ ]	[ ]	[ ]	[ ]

Besonderheiten, die im Zeugnis hervorgehoben wurden: ....

Nützlich für meine Gründung ist davon: ....

Anforderungskriterium: Branchenkenntnisse

Bitte bewerten Sie durch Ankreuzen:

In welchem Umfang sind bei Ihrer Gründung tiefgreifende Branchenkenntnisse erforderlich?

keine					durchschnittlich					sehr große
0	10	20	30	40	50	60	70	80	90	100

Persönlichkeitskriterium: Branchenkenntnisse

Ausprägung bei mir:

Kriterium	sehr schwach		mäßig schwach		mittel stark		sehr stark			Punkte
Kontakte zu Kunden	10	20	30	40	50	60	70	80	90	100	☐
Erfahrungen mit Lieferanten	10	20	30	40	50	60	70	80	90	100	☐
Kenntnis der lokalen Wettbewerbssituation	10	20	30	40	50	60	70	80	90	100	☐
Kenntnis der internen Branchengepflogenheiten	10	20	30	40	50	60	70	80	90	100	☐
Kenntnis der Konkurrenzangebote	10	20	30	40	50	60	70	80	90	100	☐

Bilden Sie hier den Durchschnittswert. Addieren Sie also die Punkte und dividieren Sie den Wert durch 5: **Branchenkenntnisse:** ☐

Wenn Sie in Ihrer zukünftigen Branche früher schon einmal gearbeitet haben, ist das besonders wichtig, denn Branchenkenntnisse beruhen auf beruflichen Erfahrungen. Hierzu zählen Kenntnisse über die Konkurrenz, ihre Stärken und Schwächen sowie über die Möglichkeiten der Platzierung des eigenen Unternehmens in das Wettbewerbsgefüge des Marktes.

Fundierte Branchenkenntnisse sollen Sie dabei in die Lage versetzen, eine strategisch günstige Marktnische im Branchengefüge auszumachen, von der aus man sich eher schleichend in das bestehende Wettbewerbsgefüge des Marktes einpassen kann. Aus einer Marktnische heraus lässt sich ungestörter und damit auch erfolgversprechender operieren, als den Versuch zu unternehmen, der Konkurrenz Marktanteile abzujagen und sich damit von vorne herein einem möglicherweise schon brutalen Verdrängungswettbewerb auszusetzen. Die dazu notwendigen Branchenkenntnisse sind zwar keine Erfolgsgarantie, ihr Fehlen erhöht jedoch das Risiko des Scheiterns erheblich.

Überprüfen Sie daher auch Ihren Erfahrungshorizont in der Branche, in der Sie gründen wollen. Untersuchen Sie also jeden Ihrer bisherigen Jobs daraufhin, ob Ihnen Kenntnisse und beruflichen Erfahrung in dieser Branche bekannt sind, die für Ihr Gründungsvorhaben verwertbare Erfahrungen beinhalten. Kennen Sie auch die internen Gepflogenheiten der Branche (Kundenmentalität, Zahlungsweisen usw.), ist dies ein zusätzlicher Pluspunkt.

Anforderungskriterium: Gesundheit

Bitte bewerten Sie durch Ankreuzen: unwichtig   durchschnittlich   sehr wichtig

Wie wichtig ist gerade bei Ihrem Gründungsvorhaben, eine gute Gesundheit?

0	10	20	30	40	50	60	70	80	90	100

Persönlichkeitskriterium: Gesundheit

Ausprägung bei mir:

Kriterium*	sehr schwach		mäßig schwach		mittel stark		sehr stark				Punkte
Körperliche Behinderung	10	20	30	40	50	60	70	80	90	100	☐
Krankheitsanfälligkeit	10	20	30	40	50	60	70	80	90	100	☐
Organische Funktionsstörungen	10	20	30	40	50	60	70	80	90	100	☐
Chronische Krankheiten	10	20	30	40	50	60	70	80	90	100	☐
Psychosomatische Beeinträchtigungen	10	20	30	40	50	60	70	80	90	100	☐

Bilden Sie hier den Durchschnittswert. Addieren Sie also die Punkte und dividieren Sie den Wert durch 5:   **Gesundheit:** ☐

Die Gesundheit ist auch für Existenzgründer das höchstes Gut. Nur wenn Körper und Geist gleichermaßen funktionsfähig sind, kann die für jede Gründung notwendige Höchstleistung erreicht werden. Wenn auch nur ein Organ durch Krankheit oder Vererbung geschwächt oder in seiner Funktion gestört ist, sollte man diese Schwäche berücksichtigen. Besonders wenn es darum geht, womit Sie später Erfolg haben wollen. Ein Mensch

---

* Bewerten Sie das Nicht-Vorhandensein der nachfolgenden Kriterien mit hohen Punktzahlen.

mit schwacher Beinmuskulatur wird sich zwangsläufig schwer tun, als Tennis- oder Tanzlehrer eine eigene Schule zu gründen. Er müsste also wesentlich härter arbeiten als jemand, dessen Muskulatur kräftig ist. Grundsätzlich stellen körperliche Handicaps oder gesundheitliche Risiken Einschränkung dar, die die Chancen als Unternehmer mindern. So erfordern manche Unternehmenstypen viele Autofahrten. Wenn sich dann Rückenbeschwerden bemerkbar machen, kann sogar ein Bandscheibenschaden einer Karriere als Jungunternehmer schnell ein Ende bereiten. Auch die Frage, in welcher Weise Körper und Seele sich gegenseitig beeinflussen und zusammenwirken, beschäftigt die Forschung heute mehr denn je. Ein Ergebnis dieser Forschungen ist, dass man Leiden, die durch einen seelischen Konflikt hervorgerufen werden, als psychosomatische Krankheiten anerkennt. Das wohl bekannteste Beispiel hierfür ist das Magengeschwür.

Daher hier auch unsere Frage zum Thema Gesundheit.

Sind Sie von Ihrer gesundheitlichen Verfassung her in der Lage, die enormen Belastungen der Aufbau- und Startphase auch physisch durchzustehen? Sind Sie vor allem so gesund und belastbar, dass Sie während einer u. U. monatelangen „Durststrecke" auch mehr als 12 Stunden - vielleicht bis zu 18 Stunden pro Tag arbeiten können?

Halten Sie sich für so nervenstark und stressstabil, dass Sie die kritischen Situationen der Frühentwicklung mit all den „Kinderkrankheiten" junger Unternehmen ohne gesundheitliche Schäden überstehen können?

Haben Sie also auf irgendwelche körperlichen Handicaps oder gesundheitliche Risiken Rücksicht zu nehmen? Vielleicht sind Sie nicht mehr so ganz jung oder haben Kreislaufprobleme, so dass Sie nicht allzu lange stehen können. Eine solche Einschränkung kann Sie davon abhalten, ein Einzelhandelsgeschäft oder ein Restaurant zu gründen. Es gibt eine ganze Anzahl körperlicher Gebrechen, die Ihre Chancen als Unternehmer mindern. Arthritis oder schlechte Augen beispielsweise können Ihnen Schwierigkeiten machen beim Rechnungsschreiben bis hin zur Buchführung.

> **Je gesünder Sie in den letzten Jahren waren, desto breiter ist auch die Basis für Ihren Erfolg.**

Fragen Sie also auch Ihren Hausarzt, ob er Ihre Gesundheit für stabil genug hält, die Strapazen einer Existenzgründung durchzustehen. Sie können es sich in der Startphase einfach nicht leisten, krank zu werden. Wenn Sie als Einzelkämpfer starten und schon am Anfang ausfallen, ruht der gesamte Betrieb.

Lassen Sie sich aber nicht vom Gründungsvorhaben abhalten, weil Sie schon über 50 oder gar 60 Jahre alt sind. Wenn Sie körperlich, seelisch und geistig fit sind und Ihr gesundheitlicher Gesamtzustand in Ordnung ist, steht einer Gründung auch im fortgeschrittenen Alter nichts im Wege. Erforschen Sie also Ihre gesundheitlichen Voraussetzungen sorgfältig.

Anforderungskriterium: Sozialverträglichkeit											
Bitte bewerten Sie durch Ankreuzen:		geringe			durchschnittlich			sehr große			
Welche Bedeutung messen Sie dem sozialen Umfeld Ihrer unternehmerischen Tätigkeit in Bezug auf Partnerschaft und Familie bei?	0	10	20	30	40	50	60	70	80	90	100

Persönlichkeitskriterium: Sozialverträglichkeit

Ausprägung bei mir:

Kriterium	sehr schwach		mäßig schwach		mittel stark			sehr stark			Punkte
Akzeptanz und Unterstützung des (Ehe) Partners	10	20	30	40	50	60	70	80	90	100	☐
Aktive Mithilfe von Familienangehörigen	10	20	30	40	50	60	70	80	90	100	☐
Tatkräftige Unterstützung der Verwandtschaft	10	20	30	40	50	60	70	80	90	100	☐
Akzeptanz auch im weiteren Bekanntenkreis	10	20	30	40	50	60	70	80	90	100	☐
Positive Resonanz auf die Gründung im Vereinsleben	10	20	30	40	50	60	70	80	90	100	☐

Bilden Sie hier den Durchschnittswert. Addieren Sie also die Punkte und dividieren Sie den Wert durch 5: **Sozialverträglichkeit:** ☐

Partnermotivation – Unterstützt Ihr Lebenspartner das Vorhaben?

Lebenspartner

Rückhalt auf der Gratwanderung zwischen Erfolg und Mißerfolg.

Für viele Menschen ist es schwer zu verstehen, was jemanden dazu treibt, ein eigenes Unternehmen zu gründen. Warum sollte man seinen sicheren Job aufgeben, die Ersparnisse eines ganzen Lebens und die seiner Familie aufs Spiel setzen und dazu noch ein Höchstmaß an Arbeitskraft investieren? Und das alles ohne Erfolgsgarantie und möglicherweise noch vor dem Hintergrund bereits bestehender finanzieller Belastungen wie Rückzahlung einer Eigenheimhypothek, Unterhaltsverpflichtungen, Ratenkaufabzahlungen und manches andere? Das alles kommt so manchem Zeitgenossen reichlich irrational vor. Zudem erfordert eine Existenzgründung die volle Hingabe an die Aufgabe und eine totale Konzentration auf die Sache. Es ist fast unumgänglich, dass ein Existenzgründer und Jungunternehmer in diesen Situationen sehr viel Zeit opfern muss, die dem (Ehe)Partner und der Familie verloren geht. Geselligkeiten fallen flach, Freundschaften leiden und Freizeitaktivitäten hängen nur noch vom Zufall ab, weil dafür einfach keine Zeit mehr bleibt. Verschärfend kommt dann meist hinzu, dass auch noch das Geld knapp wird. Kritisch wird das Ganze aber erst nach der Geschäftseröffnung, wenn das Tagesgeschäft mühsam und holprig mit viel Improvisation anläuft, aber schon die ersten Kinderkrankheiten mit ihren unerwarteten Problemen und unvorhergesehenen Notsituationen auftreten. Dieses Szenario ist keineswegs überzogen. Der Start eines neuen Unternehmens bedeutet für alle Beteiligten immer eine Ausnahmesituation. Die häusliche Gemeinschaft ist bis zum letzten gefordert, die Partnerschaft wird einer Belastungsprobe unterzogen, wie sie bisher wohl noch nicht da war. Und gerade in dieser Zeit brauchen Sie nichts dringender als einen verständnisvollen (Ehe)Partner, der mithilft, die kritischen Situationen mit viel Geduld und Einfühlungsvermögen zu meistern. Der Weg in die Selbständigkeit ist nun mal nicht immer eben. Er führt manchmal durch alpines Gelände mit hohen Bergen und tiefen Tälern. Dabei braucht man die Unterstützung und Ermutigung durch den (Ehe)Partner, der die feinen Nuancen auf der Gratwanderung zwischen Erfolg und Misserfolg ausgleicht. Ein ermunterndes Wort kann hier Wunder wirken und in kritischen Situationen das nötige Selbstvertrauen zurückgeben.

Im Übrigen gibt es viele Bereiche, in denen (Ehe)Partner bei der Gründung einander wertvolle Hilfestellung geben können. Verständnis, Geduld, Ermutigung und Anteilnahme stehen hier ganz oben. Vielleicht haben Sie aber auch hin und wieder einmal mit dem Gedanken gespielt, Ihren (Ehe)Partner an Ihrer neuen Firma zu beteiligen. Wenn nicht, dann sollten Sie diese Idee ruhig einmal durchsprechen. Es ist sicherlich eine gute Sache, wenn Sie das Unternehmen mit Ihrem Partner zusammen aufbauen. So manche Ehefrau konnte schon die technischen Qualitäten ihres Mannes durch ihre kaufmännische Ausbildung sinnvoll ergänzen. Zumindest sollten Sie mit Ihrem (Ehe)Partner vor dem Start das Kernproblem der Gründungsrisiken gründlich diskutieren. Die Erfahrung aus der Vergangenheit hat gezeigt, dass die schwerwiegenden Vorbehalte des (Ehe)Partners gegenüber der Selbständigkeit in einem richtigen Abwägen der Sicherheiten des Angestelltendaseins gegen die Risiken des Geschäftslebens bestehen.

Familienverträglichkeit: Passt Ihr Vorhaben in die häusliche Gemeinschaft?

Die Bedeutung des Rückhalts einer wohlwollend-unterstützenden Familie wird von vielen Existenzgründern meist unterschätzt. Ihre häusliche Gemeinschaft wird in der Aufbauzeit viel Stress und Sorgen haben, denn mit der Gründung eines Unternehmens geht häufig auch die Umverteilung familiärer Arbeiten einher und bringt eine Familie ziemlich durcheinander. Dabei geht es nicht nur um eine tätige Mithilfe bei Gründung und Aufbau, sondern noch wichtiger ist die psychologische Unterstützung und der emotionale Rückhalt. Vor allem in den unvermeidlichen Krisensituationen, die den Jungunternehmer an seinem Durchhaltevermögen zweifeln lassen, ist eine emotionale Unterstützung von unschätzbarer Bedeutung. So hatten Sie als Arbeitnehmer bisher ein sicheres und regelmäßiges Einkommen. Als Unternehmer tragen Sie das Risiko unsicherer und unregelmäßiger Einkünfte. Schätzen Sie und Ihre Familie die Erfolgsaussichten der Selbständigkeit so hoch ein, dass dieser Nachteil aufgewogen wird? Haben Sie genug Rücklagen gebildet, um die Lebenshaltung für sich und Ihre Familie in den ersten Monaten auch ohne Einnahmen aus Ihrer neuen Geschäftstätigkeit durchzustehen? Fragen, die Sie sich hier stellen, sollten mithelfen, den familiären Rückhalt für Ihre Gründung zu überprüfen. Steht also die Familie Ihrem Gründungsvorhaben grundsätzlich positiv gegenüber? Hängt die Höhe des Familieneinkommens ausschließlich vom Erfolg Ihrer Selbständigkeit ab, oder gibt es noch sonstige Einnahmequellen während der Aufbauphase? Akzeptiert Ihre Familie, dass Sie auch außerhalb der normalen Arbeitszeit für Ihr Unternehmen tätig sind und ist auch bereit, im gewohnten Familienleben Abstriche hinzunehmen und auf so manch lieb gewonnene Annehmlichkeit zu verzichten (Vereinsleben, teure Reisen und Vergnügungen)?

Soziale Einbindung – Stimmt das weitere soziale Umfeld?

Sind Personen aus Ihrem Verwandten- oder Bekanntenkreis eventuell bereit, für Sie eine Bürgschaft bei der Bank zu übernehmen oder gibt es in Ihrem Bekanntenkreis sogar geeignete Beteiligungspartner mit Geld, denen Sie eine tätige Beteiligung anbieten könnten.

Wen aus Ihrer Familie oder Ihrem Verwandten- und Bekanntenkreis könnten Sie zur Mitarbeit im Unternehmen gewinnen oder kann Ihnen zumindest jemand aus Ihrem Bekanntenkreis bei der Gründung helfen und Ihnen in der Startphase mit Rat und Tat zur Seite stehen?

Die Auswertung der Ergebnisse

Sie haben jetzt das Anforderungsprofil Ihrer Gründung festgelegt und auch eine erste Inventur Ihrer Persönlichkeit durchgeführt. Welches Bild sich daraus in Bezug auf Ihre Eignung zum Unternehmer ergibt, lässt sich durch einen Vergleich beider Profile leicht feststellen, indem wir die Anforderungen, die Ihr zukünftiges Unternehmen an Sie stellen wird mit Ihren Anlagen und Fähigkeiten vergleichen.

Übertragen Sie dazu die Einzelwerte aus den jeweiligen Anforderungskriterien in das rechte Kästchen am Ende einer jeden Zeile der Tabelle Anforderungsprofil ein und kreuzen Sie auf der Skala „Ausprägung" den entsprechenden Wert an. Wenn Sie auf diese Weise alle 15 Kriterien-Werte übertragen haben, verbinden Sie die von Ihnen angekreuzten Punkte und Sie erhalten das Anforderungsprofil Ihrer Gründung.

Ähnlich verfahren Sie bei der Bildung Ihres Persönlichkeitsprofils. Nur nehmen Sie hier die Durchschnittswerte aus den Tabellen der Persönlichkeitskriterien. Zeichnen Sie auch hier die Kurve aus und Sie erhalten Ihr Persönlichkeitsprofil.

Anschließend übertragen Sie die Ergebniswerte des Anforderungsprofils und des Persönlichkeitsprofils in die Graphik des Erfolgsprofils ein. Dann zeichnen Sie die Werte aus Ihrem Persönlichkeitsprofil ebenfalls ein.

Übertragen Sie nun die Einzelwerte eines jeden Kriteriums sowohl aus dem Anforderungs- als auch aus dem Persönlichkeitsprofil in die nachfolgende Tabelle für das Erfolgsprofil. Dann subtrahieren Sie: Anforderungsprofilwert minus Persönlichkeitsprofilwert und Sie erhalten den zugehörigen Wert für das Erfolgsprofil.

Die Ausprägung Ihres Erfolgsprofils erhalten Sie dadurch, dass Sie die Erfolgswerte in die nebenstehende Skala als Punktwerte übertragen und dann die Punkte zu einer Profilkurve verbinden.

Anforderungsprofil

Ausprägung

Kriterium	sehr schwach		mäßig schwach		mittel		stark		sehr stark		Punkte
Unternehmensprofil	10	20	30	40	50	60	70	80	90	100	☐
Führungsfähigkeit	10	20	30	40	50	60	70	80	90	100	☐
Verhandlungsgeschick	10	20	30	40	50	60	70	80	90	100	☐
Verantwortungsbewusstsein	10	20	30	40	50	60	70	80	90	100	☐
Leistungsbereitschaft	10	20	30	40	50	60	70	80	90	100	☐
Selbstbewusstsein	10	20	30	40	50	60	70	80	90	100	☐
Intelligenz	10	20	30	40	50	60	70	80	90	100	☐
Initiativkraft	10	20	30	40	50	60	70	80	90	100	☐
Risikobereitschaft	10	20	30	40	50	60	70	80	90	100	☐
Arbeitsverhalten	10	20	30	40	50	60	70	80	90	100	☐
Ausbildungsvoraussetzung	10	20	30	40	50	60	70	80	90	100	☐
Berufserfahrung	10	20	30	40	50	60	70	80	90	100	☐
Branchenkenntnis	10	20	30	40	50	60	70	80	90	100	☐
Gesundheit	10	20	30	40	50	60	70	80	90	100	☐
Sozialverträglichkeit	10	20	30	40	50	60	70	80	90	100	☐

Addieren Sie nun die Einzelpunkte zum Gesamtwert und teilen Sie durch 15:

Gesamtwert Anforderungsprofil: ☐

Durchschnittswert Anforderung: ☐

Persönlichkeitsprofil

Ausprägung

Kriterium	sehr schwach	mäßig schwach	mittel stark	sehr stark	Punkte
Unternehmensprofil	10 20	30 40	50 60 70	80 90 100	☐
Führungsfähigkeit	10 20	30 40	50 60 70	80 90 100	☐
Verhandlungsgeschick	10 20	30 40	50 60 70	80 90 100	☐
Verantwortungsbewusstsein	10 20	30 40	50 60 70	80 90 100	☐
Leistungsbereitschaft	10 20	30 40	50 60 70	80 90 100	☐
Selbstbewusstsein	10 20	30 40	50 60 70	80 90 100	☐
Intelligenz	10 20	30 40	50 60 70	80 90 100	☐
Initiativkraft	10 20	30 40	50 60 70	80 90 100	☐
Risikobereitschaft	10 20	30 40	50 60 70	80 90 100	☐
Arbeitsverhalten	10 20	30 40	50 60 70	80 90 100	☐
Ausbildungsvoraussetzung	10 20	30 40	50 60 70	80 90 100	☐
Berufserfahrung	10 20	30 40	50 60 70	80 90 100	☐
Branchenkenntnis	10 20	30 40	50 60 70	80 90 100	☐
Gesundheit	10 20	30 40	50 60 70	80 90 100	☐
Sozialverträglichkeit	10 20	30 40	50 60 70	80 90 100	☐

Addieren Sie nun die Einzelpunkte zum Gesamtwert und teilen Sie durch 15:

Gesamtwert Persönlichkeitsprofil: ☐

Durchschnittswert Persönlichkeit: ☐

Erfolgsprofil

Kriterium	Anforderungsprofil Punkte	Persönlichkeitsprofil Punkte	Erfolgsprofil Punkte	Ausprägung
				sehr schwach — mäßig schwach — mittel stark — sehr stark
Unternehmensprofil	☐	- ☐	= ☐	10 20 30 40 50 60 70 80 90 100
Führungsfähigkeit	☐	- ☐	= ☐	10 20 30 40 50 60 70 80 90 100
Verhandlungsgeschick	☐	- ☐	= ☐	10 20 30 40 50 60 70 80 90 100
Verantwortungsbewusstsein	☐	- ☐	= ☐	10 20 30 40 50 60 70 80 90 100
Leistungsbereitschaft	☐	- ☐	= ☐	10 20 30 40 50 60 70 80 90 100
Selbstbewusstsein	☐	- ☐	= ☐	10 20 30 40 50 60 70 80 90 100
Intelligenz	☐	- ☐	= ☐	10 20 30 40 50 60 70 80 90 100
Initiativkraft	☐	- ☐	= ☐	10 20 30 40 50 60 70 80 90 100
Risikobereitschaft	☐	- ☐	= ☐	10 20 30 40 50 60 70 80 90 100
Arbeitsverhalten	☐	- ☐	= ☐	10 20 30 40 50 60 70 80 90 100
Ausbildungsvoraussetzung	☐	- ☐	= ☐	10 20 30 40 50 60 70 80 90 100
Berufserfahrung	☐	- ☐	= ☐	10 20 30 40 50 60 70 80 90 100
Branchenkenntnis	☐	- ☐	= ☐	10 20 30 40 50 60 70 80 90 100
Gesundheit	☐	- ☐	= ☐	10 20 30 40 50 60 70 80 90 100
Sozialverträglichkeit	☐	- ☐	= ☐	10 20 30 40 50 60 70 80 90 100

Addieren Sie nun die Einzelpunkte zum Gesamtwert und teilen Sie durch 15: ☐ - ☐ = ☐ Übertragen Sie die jeweiligen Erfolgspunkte in die Skala und verbinden Sie die Punkte zu Ihrem Profil

Nun versuchen wir, die Profilwerte für Ihre persönliche Eignung zum Unternehmer als Schlüsselfaktoren für den Gesamterfolg Ihres Gründungsvorhabens zu übernehmen. Dazu übertragen Sie die jeweiligen Tabellen-Durchschnittswerte für das Anforderungsprofil, das Persönlichkeitsprofil und das Erfolgsprofil in die oberen Zeile der Tabellen. Dazu ordnen Sie den jeweiligen Durchschnittswert der Klasse von 0, 10, 20, 30 ... bis 100 zu, denen er am nächsten kommt und lesen den darunter stehenden Schlüsselfaktor ab. Mit diesem Wert wollen wir weiterarbeiten, um ihn zum Schluss mit den Ergebnissen für Markt und Geld zusammen als Gesamtbild Ihres Gründungserfolges auszuwerten.

Schlüsselfaktor: Anforderungsprofil

Bitte kreuzen Sie den Durchschnittswert an: nein   bedingt   ja

Durchschnittswert Anforderung:	0	10	20	30	40	50	60	70	80	90	100
Schlüsselfaktor Anforderungsprofil:	-5	-4	-3	-2	-1	0	+1	+2	+3	+4	+5

Schlüsselfaktor: Persönlichkeitsprofil

Bitte kreuzen Sie den Durchschnittswert an: nein   bedingt   ja

Durchschnittswert Persönlichkeit:	0	10	20	30	40	50	60	70	80	90	100
Schlüsselfaktor Persönlichkeitsprofil:	-5	-4	-3	-2	-1	0	+1	+2	+3	+4	+5

Schlüsselfaktor: Erfolgsprofil

Bitte kreuzen Sie den Durchschnittswert an: nein   bedingt   ja

Durchschnittswert Erfolg:	0	10	20	30	40	50	60	70	80	90	100
Schlüsselfaktor Erfolgsprofil:	-5	-4	-3	-2	-1	0	+1	+2	+3	+4	+5

Achtung!

Bedenken Sie stets, dass auch aus einem noch so positiven Profilvergleich bei weitem noch keine eindeutige Erfolgsprognose für Ihren Gründungserfolg abgeleitet werden kann und darf. Ihre unternehmerische Eignung ist zwar ein wichtiger erster Schritt auf dem Weg zum Erfolg, aber nicht die einzige Determinante.

Hier spielen weitere Erfolgsfaktoren, wie die Marktfähigkeit der Produkte, die Ertragskraft der Marktlücke, die Struktur des Kundenbedarfs und nicht zuletzt auch die Tragfähigkeit der Finanzierung eine gewichtige Rolle.

Darüber hinaus darf bei einer Existenzgründung nicht außer Acht gelassen werden, dass hier häufig auch die informal-intuitiven Kräfte des Ehepartners bzw. des gesamten Familienclans mit einem nicht zu unterschätzenden Einfluss auf den Existenzgründer und seinen Erfolg einwirken. Ohne Berücksichtigung dieser intuitiv wirkenden Einflussfaktoren und Rahmenbedingungen aus dem sozialen Umfeld ist der langfristige Erfolg eines Gründungsvorhabens nur schwer abzuschätzen.

4 Gründungsmarketing

4.1 Der Markt, das unbekannte Wesen

Den meisten Existenzgründern brennt die Finanzierung ihres Vorhabens als vordringlichstes Anliegen unter den Nägeln. Über die Frage, ob und wie sich ihr Produkt absetzen lässt und seinen Markt finden wird, denken die wenigsten nach. Dabei spielt der Markt eine ausschlaggebende Rolle für den Erfolg des gesamten Vorhabens. Wenn der Markt die Leistung nicht akzeptiert, nutzt ein noch so großes Startkapital wenig. Banken klagen häufig darüber, dass ihnen bei der Beantragung der Finanzmittel lediglich ein dickes Exposé über die technischen Eigenarten des Produkts vorgelegt wird. Es wird dort wenig gesagt über die Marktsituation, die zu erwartende Absatzentwicklung und die bestehende Konkurrenzsituation.

Vor allen Fragen der Finanzierung muss deshalb zunächst geklärt werden, ob sich Ihre Produkte überhaupt verkaufen lassen. Niemand wird Ihnen Geld zur Verfügung stellen, wenn Sie nicht überzeugend darlegen können, dass Sie mit diesem Geld auch gewinnbringend wirtschaften können.

Daher wollen wir uns mit dem Phänomen **Markt,** etwas eingehender beschäftigen.

Was ist das überhaupt, ein Markt?

In unserer Wirtschaftsordnung, der sozialen Marktwirtschaft, versteht man unter dem Markt das Zusammentreffen von Angebot und Nachfrage. Die Unternehmen bieten ihre Leistungen an, die privaten Haushalte oder andere Unternehmen fragen diese Leistungen nach. Lässt man dem marktwirtschaftlichen Spiel der Kräfte von Angebot und Nachfrage freien Lauf, so findet sich am Markt der Preis für Waren und Leistungen. Dies gibt es auch heute noch, zumindest für das kleine Kapital.

Glauben Sie aber bloß nicht, damit sei die Vermarktung kein Problem mehr. Denn Sie wissen noch gar nicht, ob und wie die Kunden auf Ihr neues Angebot reagieren werden. Wir müssen also zunächst einmal den Markt analysieren, also ihn nach Lücken und Nischen für die Produkte oder Dienstleistungen absuchen und theoretisch durchspielen, wie der Kunde auf Ihr Angebot wahrscheinlich reagieren wird. Dazu muss man den Markt natürlich genau kennen. Wir müssen ihn deshalb so lange beobachten, bis wir eine erfolgversprechende Lücke erkannt haben, in die wir hineinstoßen können.

Wie aber erkennt man eine Marktlücke, und woher weiß man, ob es sich lohnt, in diese Marktlücke hinein zu gründen? Dies sind die Fragen, mit denen wir uns bei der Überprüfung der Marktfähigkeit Ihrer Produkte beschäftigen wollen.

Vordergründiger Anlass für manche Existenzgründung ist: Man glaubt, eine Marktlücke entdeckt zu haben, die man nur noch auszufüllen braucht - und schon stellt sich der Erfolg ein. Meist geht man dabei von den eigenen Bedürfnissen aus und glaubt, im derzeitigen Angebot fehle etwas Wichtiges. Man empfindet also zunächst einmal einen **Mangel** im derzeitigen Marktangebot: Eine wichtige Leistung wird zur Zeit am Markt nicht angeboten. Doch ein Mangel allein macht noch keine Marktlücke aus. Dass im afrikanischen Busch die Bewohner barfuß gehen, begründet noch keine Marktlücke für die Schuhindustrie. Zum Mangel muss das Bedürfnis der Kunden hinzukommen, den Mangel durch eine Kaufentscheidung zu beseitigen. Es muss also auch **Bedarf** für ein neues Angebot am Markt vorhanden sein. Da barfuß gehen in der Lebensgewohnheit der Völker begründet liegt, dürfte sich der Bedarf an Schuhen in Grenzen halten.

Mangel und Bedarf sind somit die ersten wichtigen Voraussetzungen, bilden aber immer noch keine ausreichende Marktlücke für eine erfolgversprechende Existenzgründung. Wir müssen uns in einem weiteren Schritt fragen, warum dieser Bedarf von den derzeitigen Anbietern am Markt nicht befriedigt wird. Vielleicht ist der Aufwand zu groß, um diesen Markt zu erschließen, vielleicht ist aber auch die Marktlücke zu klein, um eine ausreichende Rendite zu erwirtschaften.

Für unsere Überprüfung bedeutet dies: Die Marktlücke muss auch über ein ausreichendes Potential an **Kaufkraft** verfügen. Anders ausgedrückt: Es müssen eine ausreichend hohe Anzahl Käufer mit einem genügend großen Geldbeutel vorhanden sein, die bereit sind, für die Befriedigung ihrer Wünsche soviel Geld auszugeben, wie Sie für Ihre Existenzgründung brauchen.

Wir müssen also prüfen, ob eine ausreichend große Anzahl anderer Menschen mit genügend Geld den Mangel im Angebot ebenso empfindet wie wir, und ob bei diesen potentiellen Kunden auch ein ausreichend großer Bedarf für die von uns geplanten Leistungen vorhanden ist. Als nächstes interessiert uns dann die Größe der Marktlücke regional und produktmäßig. Wir bestimmen die Größe einer Marktlücke, indem wir zunächst ihre **Untergrenze** festlegen. Sie muss in jedem Fall überschritten werden, damit ein Start sich überhaupt lohnt. Andererseits darf die **Obergrenze** zumindest am Anfang noch nicht überschritten werden. Zwischen Ober- und Untergrenze liegt das Ertragspotential der Marktlücke als **strategische Basis** für einen erfolgversprechenden Start.

Beginnen wir zunächst mit der Bestimmung der Untergrenze unserer Marktlücke. Dazu versuchen Sie, die Fragen der folgenden Checkliste zu beantworten:

Die Untergrenze der Marktlücke   ja   nein

1. Haben Sie einen Mangel im derzeitigen Marktangebot erkannt?   [ ]   [ ]
2. Gibt es einen Bedarf nach einem entsprechenden Angebot?   [ ]   [ ]
3. Haben Sie diesen Bedarf selbst festgestellt?   [ ]   [ ]
4. Haben genügend potentielle Kunden diesen Bedarf bestätigt?   [ ]   [ ]
5. Wie viele km fahren die Kunden in der Regel zum Einkaufen?   ……….
6. Lässt sich auf diese Weise Ihr Einzugsgebiet festlegen?   [ ]   [ ]
7. Wie viele potentielle Kunden gibt es in Ihrem Einzugsgebiet?   ……….
8. Wie viele Konkurrenten teilen sich zur Zeit diese Kunden?   ……….

9. Mit wie vielen Kunden können Sie im ersten Jahr rechnen? ....

10. Wie viele Geschäfte lassen sich mit diesen Kunden abwickeln? ....

11. Wieviel Umsatz werden Sie voraussichtlich erwirtschaften können? ....

12. Wie hoch muss der kostendeckende Mindestumsatz sein? ....

Sicher sind Sie in diesem Stadium der Planung noch nicht in der Lage, exakte Zahlen durchzurechnen, um konkrete Ergebnisse vorzulegen. Darauf kommt es jetzt auch noch nicht an. Zur Überprüfung der Marktlücke begnügen wir uns vorerst noch mit groben Schätzungen. Wir wollen jetzt nur erreichen, dass Sie die Mindestgröße Ihrer Marktlücke erkennen und grob festlegen können. Daher lautet die zentrale Frage für die Untergrenze Ihrer Marktlücke:

Schlüsselfaktor: Marktuntergrenze		
Bitte bewerten Sie durch Ankreuzen:	nein bedingt ja	
Meine Marktlücke ist so groß, dass sie den Mindestumsatz im ersten Jahr deckt?	-5 | -4 | -3 | -2 | -1 | 0 | +1 | +2 | +3 | +4 | +5	

Die **Obergrenze** einer Marktlücke wird etwas anders bestimmt. Hier ist es wichtig, dass Sie den Break-even-Point **(Gewinnschwelle)** Ihres stärksten Konkurrenten immer genau im Auge behalten, denn Ihre Erfolgsaussichten reichen nur bis zu diesem Punkt.

Ein Beispiel wird diesen Zusammenhang verdeutlichen. Nehmen wir an, Sie wollen sich als Schlossermeister mit einem Unternehmen im Behälterbau selbständig machen und Öl-Auffangwannen für den Maschinenbau produzieren. Ihr stärkster Konkurrent im zukünftigen Markt fertigt zur Zeit 500 Wannen pro Monat. Die Fertigungskapazitäten dieses Konkurrenten sind so ausgelegt, dass er mindestens 100 Wannen im Monat produzieren und absetzen muss, damit er seine großen Maschinen und Fertigungsanlagen kostendeckend auslasten kann. Dies bedeutet, dass sich Ihr Konkurrent bei Fertigung und Verkauf von mehr als 100 Behältern im Monat in der Gewinnzone befindet; bei weniger als 100 Behältern pro Monat arbeitet er aufgrund der hohen Fixkostenbelastung mit Verlust. Bei 100 Stück/Monat liegt also die Gewinnschwelle, der Break-even-Point, Ihres Konkurrenten.

Damit ist schon die Obergrenze Ihrer Marktlücke fixiert. Solange sich in Ihrem speziellen Kundenkreis weniger als 100 Auffangwannen pro Monat verkaufen lassen, wird Ihr Konkurrent Sie vermutlich ungestört weiterarbeiten lassen. Er weiß genau, dass er diesen kleinen Markt mit seinen großen Maschinen nicht kostendeckend bedienen kann. Bei weniger als 100 Wannen arbeitet er ja noch in der Verlustzone, und Sie haben ausgezeichnete Erfolgschancen und gute Entwicklungsmöglichkeiten - aber nur bis zur Grenze von 100 Auffangwannen pro Monat. Sollten Sie im Laufe der Zeit mit Ihren Wannen Erfolg haben und den Markt ausweiten und somit Ihre Produktionsmenge steigern, so wird es dann kritisch, wenn Sie die Größenordnung von 100 Wannen erreichen und möglicherweise überschreiten. Sobald Sie nämlich die Absatzmenge von 100 Wannen überschritten haben, wird sich Ihr Konkurrent mit seinen großen Fertigungskapazitäten überlegen, ob der von Ihnen erschlossene Markt jetzt nicht auch für ihn interessant geworden ist. Er wird versuchen, bei der ersten sich bietenden Gelegenheit in Ihren Markt einzudringen. Das Fatale daran ist, dass sich dann plötzlich über Nacht der Wettbewerb schlagartig verschärft. Es kann zu Verdrängungsversuchen, Preiskämpfen und ähnlichem kommen, wenn Ihr Konkurrent mit all seiner Marktmacht und seiner finanziellen Stärke versucht, Ihren Markt für sich zu erschließen.

Schlüsselfaktor: Marktobergrenze											
Bitte bewerten Sie durch Ankreuzen:	nein					bedingt					ja
Ist der Break-even-Point als Obergrenze meiner Marktlücke abschätzbar?	-5	-4	-3	-2	-1	0	+1	+2	+3	+4	+5

Fassen wir zusammen: Es geht um die Festlegung Ihre Marktlücke. In Bezug auf die Untergrenze der Marktlücke hatten wir festgestellt, dass diese nicht nur langfristig durch Ihre eigene Kostensituation bestimmt wird, weil Sie nicht auf Dauer mit Verlusten arbeiten können. In Bezug auf die Obergrenze versuchen Sie festzustellen, wo der Break-even-Point Ihres größten Konkurrenten liegt, das heißt, bis zu welcher Größe Sie ungestört wachsen und sich entwickeln können, ohne dass sofort starker Wettbewerb mit hoher Wettbewerbsintensität bis hin zum Verdrängungswettbewerb einsetzt.

Konkret: Bestimmen Sie zunächst mengenmäßig die Größe der von Ihnen ins Auge gefassten Marktlücke. Dazu versuchen Sie, die Gesamtzahl aller in Frage kommenden Kunden innerhalb der Grenzen Ihrer Marktlücke zu erfassen. Anschließend legen Sie die regionalen Grenzen Ihrer Marktlücke fest **(wie groß ist das Einzugsgebiet, d. h. aus welchen Entfernungen kommen die Kunden)** und reduzieren Sie die Gesamtzahl auf diejenigen Kunden, die innerhalb Ihres Einzugsgebiets liegen. So bestimmen Sie die Größe der Marktlücke zunächst zahlenmäßig, um dann in einem weiteren Schritt zu untersuchen, ob dieses Marktvolumen auch als strategische Basis für eine langfristig tragfähige Vollexistenz ausreicht. Die alles entscheidende Frage lautet:

> Ist in dieser Marktlücke noch Platz für ein weiteres Unternehmen?

Dazu beginnen wir mit der Ermittlung der Kaufkraft innerhalb unserer Marktlücke. Bevor Sie mit Ihrer Neugründung am Markt erscheinen, steht dort einer bestimmten Anzahl von Kunden immer auch eine bestimmte Anzahl von Anbietern gegenüber, die sich diese Kunden teilen. Stellen Sie also zunächst einmal fest, wie sich das Verhältnis von Kunden zu Anbietern am Markt im Kaufverhalten darstellt. Bei einem sogenannten **Nachfrageüberhang** wollen die Kunden mehr kaufen, als zur Zeit geliefert werden kann. Das äußert sich dann in steigenden Preisen und längeren Lieferfristen. Hier scheint noch Platz für eine neue Unternehmung im Markt zu sein. Wenn dagegen ein **Angebotsüberhang** mit kurzen Lieferfristen und starkem Preisverfall vorliegt, dann sind wohl schon zu viele Unternehmen am Markt. In diesem Fall ist es sicherlich zweifelhaft, ob man hier überhaupt gründen sollte. Hier scheint nicht mehr viel Platz für ein zusätzliches Unternehmen zu sein.

Angebot und Nachfrage

Bitte kreuzen Sie an:	Angebots-Überhang								Nachfrage-Überhang			
	-5	-4	-3	-2	-1	0	1	2	3	4	5	
Sind die Verkaufspreise in den letzten 5 Jahren: gefallen												gestiegen
Haben sich in letzter Zeit die Lieferfristen: verkürzt												verlängert
Wie wurde auf besondere Kundenwünsche reagiert: schnell												langsam

Schlüsselfaktor: Marktlücke												
Bitte bewerten Sie durch Ankreuzen:	nein					bedingt					ja	
Die Ertragskraft meiner Marktlücke lässt eine Vollexistenz erwarten?	-5	-4	-3	-2	-1	0	+1	+2	+3	+4	+5	

4.2 Die Produktidee · Problemlösungen aus Kundensicht

Neben dem richtigen Unternehmenstyp und einer erfolgversprechenden Marktlücke ist eine zündende Produktidee unabdingbare Voraussetzung, um diesen Markt für sich zu erobern. Dazu ist und bleibt das Kernstück für den Erfolg jeder Existenzgründung das kundengerechte Leistungsangebot. Für Ihren Start ist es daher unbedingt nötig, dass Sie sich von Anfang an mit einem kundengerechten Leistungsangebot am Markt profilieren und bessere Produkte anbieten als Ihre Konkurrenten. Dies bedeutet zunächst einmal ein gründliches Umdenken in Bezug auf den Markt. Betrachten Sie also Ihr Leistungsangebot nicht vom Produkt oder ihrer Dienstleistung her, sondern ausschließlich durch die Brille Ihres zukünftigen Kunden. Hier lautet unser Grundsatz:

> Das Leistungsangebot muss in den Augen der Kunden Problemlösungs-Charakter besitzen.

Diese rationale Sicht der Kaufentscheidung besagt, dass der Kunde sich für das Leistungsangebot entscheidet, das ihm den erlebbar größten Erfolg verspricht, d. h. jenes Angebot favorisiert, das seine Probleme am ehesten löst. Das bedeutet aber auch, dass die emotionale Seite bei jeder Kaufentscheidung eine erhebliche Rolle spielt.

> Ihre Chancen liegen im intelligenten reagieren auf Veränderungen des Bedarfs.

Vorteile im Leistungsangebot können daher in folgenden Bereichen liegen:

- Mehr Bequemlichkeit
- Mehr Zuverlässigkeit
- Mehr Preisvorteile
- Mehr Anerkennung
- Mehr Sicherheit
- Mehr Service

Es gibt grundsätzlich keine guten oder schlechten Produkte, sondern lediglich verkäufliche oder unverkäufliche. Dies bedeutet: Die Leistung muss nicht nur erbracht, sondern ihre Vorteile müssen dem Kunden auch näher gebracht werden. Der Kunde muss auf das Leistungsangebot aufmerksam gemacht werden, Interesse daran entwickeln, einen Kaufwunsch verspüren und letztlich die Kaufentscheidung treffen. Dies geschieht um so eher, je besser Angebotsprofil und Nachfrageprofil aufeinander abgestimmt sind und je deutlicher sich das eigene Profil vom Konkurrenzprofil abhebt. Fragen Sie sich daher:

> Welche Möglichkeiten können Sie nutzen, um die Problemlösungen Ihrer Konkurrenten zu verbessern?

Bei der Entwicklung eines eigenen Profils am Markt, oder auf Neuhochdeutsch – Ihrer Corporate Identity – ist es wichtig, dass sich dieses Profil hinreichend deutlich von den Konkurrenten abgrenzt. Es hat nämlich überhaupt keinen Sinn, ein Erscheinungsbild am Markt zu präsentieren und dabei gute Werbeargumente Ihrer Konkurrenten aufzugreifen und in ähnlicher Weise nachzuvollziehen. Der Kunde, der eine gute Werbebotschaft gleich zweimal erhält – einmal von einem ihm bekannten Anbieter am Markt und zum anderen von einem Neuling - wird sich bei gleicher Qualität der Werbung sicherlich zunächst einmal für den ihm bekannten Anbieter entscheiden. Es kommt also darauf an, dass sich Ihre Produktidee im äußeren Erscheinungsbild und auch vom Inhalt Ihrer Werbeargumentation klar von den Konkurrenten abgrenzt.

Wie geht man hier vor? Analysieren Sie in einem ersten Schritt die Werbeargumente Ihrer Konkurrenten. Sammeln Sie über einige Wochen alle Anzeigen Ihrer Konkurrenten und werten Sie diese aus. Die Auswertung muss so erfolgen, dass Sie zunächst einmal herausfinden müssen, wie die Konkurrenten ihre Werbung aufgebaut haben. Werben Sie mit bestimmten Produkteigenschaften, mit dem Firmenimage oder mit bestimmten Serviceleistungen?

Nachdem Sie alle Einzelargumente notiert haben, stellen Sie jetzt das Konkurrentenprofil zusammen und entwickeln Sie dann in Abgrenzung hierzu Ihr eigenes Profil. Aber abgrenzen alleine reicht nicht, Sie müssen vor allem die Abgrenzungsrichtung beachten. Und diese Richtung muss eindeutig auf eine bessere Problemlösung für Ihre Kunden hin ausgerichtet sein. Denken Sie stets daran: Sie produzieren keine Produkte, sondern Problemlösungen. Was Sie am Markt anbieten, muss aus der Sicht des Kunden in jedem Fall einen höheren Problemlösungscharakter haben als die Produkte oder Dienstleistungen Ihrer Konkurrenten. Bei Ihrem Angebot muss subjektiver Zusatznutzen für den Kunden stets deutlich im Vordergrund stehen.

Wie sollten Sie jetzt weiter vorgehen? Erarbeiten Sie zunächst ein sogenanntes Nachfrageprofil. Dazu besorgen Sie sich die Reklamationsliste Ihres alten Arbeitgebers oder eines wichtigen Konkurrenten in Ihrem zukünftigen Markt. Sie können aber die Reklamationsliste auch durch eine eigene Kundenbefragung selbst erstellen. Anschließend analysieren Sie diese Reklamationsliste genau und versuchen herauszufinden, worüber sich die Kunden bisher am häufigsten beschwert haben. Dabei soll deutlich werden, wo die Wünsche der Kunden lagen und inwieweit die Konkurrenz nicht in der Lage war, diesen Wünschen gerecht zu werden. Sie sollten die Reklamationsliste auswerten, um bislang noch unbefriedigte Kundenwünsche aufzuspüren.

Schlüsselfaktor: Mangel											
Bitte bewerten Sie durch Ankreuzen:	nein					bedingt					ja
In meiner Marktlücke sind noch unbefriedigte Kundenwünsche zu erkennen?	-5	-4	-3	-2	-1	0	+1	+2	+3	+4	+5

1. Unbefriedigte Kundenwünsche:

2. Reklamationen nach Häufigkeit:

3. Ursachen der Reklamationen:

4. Verbesserungsmöglichkeiten:

5. Realisierungschancen?

Auf diese Weise können die Ergebnisse einer Defizitanalyse eine erste Grundlage für Ihre Marktstudie, aber auch für die Entwicklung ihrer Produkte bilden. Dabei ist es wichtig, dass Sie eine deutliche Abgrenzung zu den schon am Markt befindlichen Konkurrenzprodukten vornehmen. Jedes Unternehmen am Markt hat nun mal auch seine eigenen Stärken und Schwächen, und die gilt es bei der Erarbeitung eines neuen Leistungsangebotes zu berücksichtigen. Vor allem die Schwächen im Angebotsprofil Ihrer Konkurrenten geben interessante Ansatzpunkte zur Entwicklung der Stärken in Ihrem eigenen Leistungsangebot. Strategisch fokussieren wir bei der Entwicklung unserer Produktidee die eigenen Stärken auf die Schwächen der Konkurrenten. Dazu erarbeiten wir uns ein erstes Stärken- und Schwächenprofil.

Schlüsselfaktor: Bedarf

Bitte bewerten Sie durch Ankreuzen:

Es besteht hinreichend Bedarf an bestimmten Produkten bzw. Varianten?

nein					bedingt					ja
-5	-4	-3	-2	-1	0	+1	+2	+3	+4	+5

Schlüsselfaktor: Kaufkraft

Bitte bewerten Sie durch Ankreuzen:

Die Kaufkraft ist groß genug, um eine Vollexistenz langfristig abzusichern?

nein					bedingt					ja
-5	-4	-3	-2	-1	0	+1	+2	+3	+4	+5

Vergleichskriterien	Stärke der Konkurrenz	Stärken- und Schwächenprofil									Eigene Stärke
	-5	-4	-3	-2	-1	0	+1	+2	+3	+4	+5
Preise	+-----+-----+-----+-----+-----+-----+-----+-----+-----+-----+										
Qualität	+-----+-----+-----+-----+-----+-----+-----+-----+-----+-----+										
Service	+-----+-----+-----+-----+-----+-----+-----+-----+-----+-----+										
Flexibilität	+-----+-----+-----+-----+-----+-----+-----+-----+-----+-----+										
Schnelligkeit	+-----+-----+-----+-----+-----+-----+-----+-----+-----+-----+										
Werbung	+-----+-----+-----+-----+-----+-----+-----+-----+-----+-----+										
Firmenimage	+-----+-----+-----+-----+-----+-----+-----+-----+-----+-----+										
Produktbreite	+-----+-----+-----+-----+-----+-----+-----+-----+-----+-----+										
Finanzkraft	+-----+-----+-----+-----+-----+-----+-----+-----+-----+-----+										
Sonstiges	+-----+-----+-----+-----+-----+-----+-----+-----+-----+-----+										

Wie schätzen Sie die Ertragssituation Ihrer Konkurrenten ein?

- ☐ ausgezeichnet
- ☐ ausreichend
- ☐ gut
- ☐ mangelhaft
- ☐ befriedigend
- ☐ ungenügend

4.3 Die Überprüfung der Produktidee

Vor dem Hintergrund dieser Ergebnisse wollen wir nun Ihre Produktidee anhand einiger Erfolgsfaktoren für Gründungsvorhaben überprüfen. Dazu haben wir aus der Vielzahl unterschiedlicher Faktoren die vier wichtigsten Erfolgsfaktoren ausgewählt, die für das Gelingen einer Produktidee ausschlaggebend sind.

Die Erfolgsfaktoren einer Produktidee sind:

1. Neuheitswert
2. Reifegrad
3. Bedarfsstruktur
4. Konkurrenzsituation

Konzentrieren Sie sich auf diese vier Faktoren und überprüfen Sie Ihre Idee anhand der nachfolgenden Checklisten. Beantworten Sie dabei alle Fragen sorgfältig mit der höchsten für Sie möglichen Genauigkeit, damit die Stärken und Schwächen Ihrer Idee schon von Anfang an deutlich hervortreten und Sie sich für eine Ihrer wichtigsten Lebensentscheidungen die größtmögliche Klarheit verschaffen können.

Bei der Beantwortung der Fragen schraffieren Sie das betreffende Segment nach der Wahrscheinlichkeit, mit der Ihre Antworten zutreffen. Je mehr schraffierte Flächen, desto besser. Erzielen Sie in einzelnen Teilbereichen weniger als die Hälfte der möglichen Prozentpunkte, müssen Sie sich mit diesem Thema vor dem Start noch einmal intensiv befassen.

4.3.1 Neuheitswert

Richtigkeit der Aussage

	0%	25%	50%	75%	100%
Die Idee wurde bisher noch nicht realisiert.	o	o	o	o	o
Es handelt sich um eine schutzfähige Idee, die durch Patent oder Gebrauchsmusterschutz gesichert werden kann.	o	o	o	o	o
Es gibt kaum vergleichbare Produkte oder Dienstleistungen am Markt.	o	o	o	o	o
In meiner Idee steckt fast ausschließlich eigenes Know-how.	o	o	o	o	o
Für Dritte wird es schwer sein, gleichwertige Produkte oder Problemlösungen anzubieten.	o	o	o	o	o
Die Basisidee kann jederzeit modifiziert, variiert oder ausgebaut werden.	o	o	o	o	o

Welche weiteren Entwicklungsmöglichkeiten stecken noch in Ihrer Produktidee, die Ihnen einen „Pioniervorsprung" sichern könnte? _____

4.3.2 Reifegrad

	ja	nein	entfällt
1. Wie ausgereift ist die Idee?			
- Gibt es bereits veröffentlichte Kommentare?	o	o	o
- Liegen Exposes von Experten vor?	o	o	o
- Sind in der Sache Urteile gefällt worden?	o	o	o
2. Wie ist der gegenwärtige Entwicklungsstand?			
- Sind alle technischen Probleme gelöst?	o	o	o
- Sind noch eigene Vorleistungen zu erbringen?	o	o	o
- Sind noch Arbeiten an Dritte zu vergeben?	o	o	o
- Sind noch behördliche Genehmigungen einzuholen?	o	o	o
- Sind Lizenzen von Dritten unabdingbare Voraussetzung?	o	o	o
3. Wieweit ist die Idee im Detail bereits eingearbeitet?			
- Sind bereits erste Rohentwürfe erstellt worden?	o	o	o
- Liegen schon Konstruktionszeichnungen vor?	o	o	o
- Wurden Dokumentationen erstellt?	o	o	o
- Sind schon Modelle angefertigt worden?	o	o	o
- Gibt es bereits Prototypen?	o	o	o
- Existiert schon eine Detailvorstellung über die weiteren Arbeiten?	o	o	o

4. Welche Informationsquellen wurden bisher benutzt?
   - Auswertung der Fachliteratur?   o   o   o
   - Datenbankrecherche?   o   o   o
   - Patentrecherchen?   o   o   o
   - Technologieberatung?   o   o   o
   - Informationsvermittler?   o   o   o

5. Wie realistisch sind die Umsetzungschancen?

   ....

   ....

Schlüsselfaktor: Produktidee
Bitte bewerten Sie durch Ankreuzen: nein   bedingt   ja
Die Überprüfungsergebnisse meiner Produktidee lassen realistische Umsetzungschancen erwarten.   -5 | -4 | -3 | -2 | -1 | 0 | +1 | +2 | +3 | +4 | +5

4.3.3 Bedarfsstruktur

Richtigkeit der Aussage

0%   25%   50%   75%   100%

Bei meiner Produktidee handelt es sich um eine einzelne, spezielle Leistung für einen auserlesenen Anwenderkreis.   o   o   o   o   o

Bei meiner Produktidee handelt es sich um ein breit einsetzbares Produkt mit vielfältigen Verwendungsmöglichkeiten.   o   o   o   o   o

Der Bedarf für mein Angebot ist durch vorhandene Konkurrenz-Angebote bereits geweckt.   o   o   o   o   o

Die Materialbeschaffung zur Produktion ist mit keinerlei Schwierigkeiten verbunden.   o   o   o   o   o

Welche Lebensdauer kalkulieren Sie für   o   1 Jahr
Ihr Produkt, bevor es nicht mehr konkur-   o   3 Jahre
renzfähig ist?   o   5 Jahre und mehr

In welcher Entwicklungsstufe befindet   o   Experimentier-Phase
sich der Markt, auf dem Sie Ihre Produkte   o   Wachstums-Phase
anbieten werden?   o   Reife-Phase

Welche Wachstumsraten hat der Markt   o   kein Wachstum
ungefähr pro Jahr?   o   bis zu 10%
                                               o   mehr als 10%

Schlüsselfaktor: Bedarfsstruktur											
Bitte bewerten Sie durch Ankreuzen:	nein				bedingt						ja
In meiner Marktlücke ist hinreichender Bedarf für meine Produkt/Leistungen erkennbar.	-5	-4	-3	-2	-1	0	+1	+2	+3	+4	+5

4.3.4 Konkurrenzsituation

Nachdem Sie nun das Profil Ihrer Produktidee im letzten Abschnitt deutlich herausgearbeitet haben, nehmen Sie sich jetzt etwas mehr Zeit und formulieren Sie die Ergebnisse Ihrer bisherigen Überlegungen schriftlich.

	Richtigkeit der Aussage				
	0%	25%	50%	75%	100%
Die Konkurrenten bieten bereits Alternativprodukte an.	o	o	o	o	o
Der Entwicklungsvorsprung verschiedener Konkurrenten könnte zu einem Wettlauf bei der Markteinführung werden.	o	o	o	o	o
Die Konkurrenz hat schon relativ ausgereifte Produkte.	o	o	o	o	o
Die Konkurrenten werden voraussichtlich ähnliche Produkte auf den Markt bringen.	o	o	o	o	o
Ausländische Anbieter sind auf dem Markt mit Billigprodukten vertreten.	o	o	o	o	o
Nach meiner Gründung ist mit aggressiven Reaktionen der Wettbewerber zu rechnen.	o	o	o	o	o

Wie wird Ihre Produktpalette im Vergleich zu Kundenbedarf und Konkurrenzangebot aussehen?

	Bedarf bzw. Kundenwunsch					Konkurrenz-produkte					Eigene Produkte				
Benotung	1	2	3	4	5	1	2	3	4	5	1	2	3	4	5
Produktqualität															
Angebotsbreite															
Sortimentstiefe															
Programmpolitik															
Sonstiges:															

Zusammenfassende Bewertung Ihrer Produktidee

Produkte, Preise und Service bilden einen zusammenhängenden Komplex wichtiger Faktoren für Ihren wirtschaftlichen Erfolg. Ihr gesamtes Leistungsangebot sollte daher präzise aufeinander abgestimmt und zielgenau auf den Bedarf hin orientiert sein. Die Produktpalette muss also nicht nur kundengerecht aufgebaut sein, sondern vom Käufer auch erlebbar und gewünscht sein, denn oft wird der Kaufwunsch erst durch ein entsprechendes Angebot geweckt. Sie sollten sich also fragen:

> Liefere ich meinen Kunden einen echten Wert mit deutlich erkennbarem Nutzen?

Wichtig ist, dass der Nutzen für den Kunden stets im Vordergrund steht, denn je höher der Kunde seinen Nutzenvorteil einschätzt, desto mehr Spielraum gewinnen wir anschließend bei der Preisgestaltung. Hinzu kommt, dass neben dem eigentlichen Produkt auch der Service als besonderer Zusatznutzen für den Kunden zum Ausdruck kommt, den er anderswo nicht zu bekommen glaubt. Je höher der Nutzenvorteil des Produktes, desto größer also der Preisspielraum.

Tragen Sie in die untenstehende Tabelle ein, in welchen Bereichen Sie sich der Konkurrenz überlegen fühlen und in welchen Bereichen Sie glauben, dass die Konkurrenz Ihnen überlegen ist. Bewerten Sie dabei die Produkte Ihrer Konkurrenten und die eigene Produktidee mit Punkten zwischen 1 und 10, wobei 10 die beste und 1 die schlechteste Note ist.

Auswahl-kriterien	Konkurrenz-produkt	Eigenes Produkt
Zuverlässigkeit	6,5	7,2
Sicherheit	4,6	6,1
Schnelligkeit	1,4	5,7
Genauigkeit	5,3	6,4
Bequemlichkeit	3,8	4,6
Handhabbarkeit	2,4	3,4
Kundenservice	5,3	8,5
Preisgünstig	4,2	4,6
Prestige	7,5	3,4

Schlüsselfaktor: Konkurrenzsituation											
Bitte bewerten Sie durch Ankreuzen:	nein					bedingt				ja	
Ist in der vorgesehenen Marktlücke noch Platz für ein zusätzliches Unternehmen?	-5	-4	-3	-2	-1	0	+1	+2	+3	+4	+5

5 Gründungsfinanzierung

Wer sich selbständig machen will, braucht Geld! Auch das beste Gründungskonzept nutzt wenig, wenn die erforderlichen Finanzmittel fehlen, um das Vorhaben in die Tat umzusetzen. Daher gilt es, noch vor dem Start einige wichtige Fragen zur Finanzierung des Vorhabens zu klären. Hierzu gehört auch die Frage, wieviel Geld schon in der Startphase zur Deckung der Anlaufverluste bis zum Erreichen der Gewinnzone benötigt wird. Darüber hinaus interessiert auch, in welcher Höhe der **Mindestumsatz** liegen muss, damit das Gesamtvorhaben zu einer langfristig tragfähigen Vollexistenz führen kann. Anschließend ist ebenfalls zu klären, ob die für den Start notwendigen Finanzmittel in der veranschlagten Größenordnung bereitgestellt werden können? Ist also genügend Startkapital vorhanden, um die Anlaufverluste bis zum Erreichen der Gewinnschwelle zu decken?

Zur Berechnung des erforderlichen Startkapitals, ist also wichtig zu wissen:

1. In welcher Höhe die Anlaufverluste voraussichtlich auftreten werden?
2. Wie hoch der betriebsnotwendige Mindestumsatz anzusetzen ist?
3. Ab wann das Unternehmen die Gewinnzone erreichen wird?

Vier weitere Fragen zur Beschaffung der notwendigen Mittel sind ebenfalls zu klären:

1. Wieviel **Eigenkapital** können Sie selbst aufbringen?
2. Wieviel **Fremdkapital** wird gebraucht?
3. Wieviel **Fördermittel** können mit einfließen?
4. Wieviel **Sicherheiten** sind hierzu erforderlich?

Dies alles sind wichtige Fragen, die wir schon vor Ihrem Start überprüfen müssen.

5.1 Das erforderliche Startkapital

Die Situation beim Start Ihres Unternehmens ist dadurch gekennzeichnet, das zunächst einmal eine Menge Geld für den Aufbau des Unternehmens benötigt wird. Die Umsatztätigkeit setzt ja erst mit der Geschäftseröffnung ein und Gewinne fallen erst an, wenn Umsätze in einer Größenordnung erwirtschaftet werden, die die bis dahin angefallenen Verluste ausgleichen. Daher muss zunächst der Zeitpunkt ermittelt werden, an dem Sie mit Ihrem Unternehmen voraussichtlich kostendeckend arbeiten werden. Da Sie ab diesem Zeitpunkt erste Gewinne erwirtschaften, nennen wir diesen Punkt **Gewinnschwelle.** Es gilt also, die Gewinnschwelle zu ermitteln, um die zeitliche Länge der „Durststrecke" abzuschätzen. Nur dann können Sie die Finanzmittel zur Deckung der bis dahin entstandenen Verluste für den Aufbau- und den Anlauf des Unternehmens, also die Anlaufverluste realistisch kalkulieren. Hinzu kommt noch, dass beim Start häufig eine Menge von Unwägbarkeiten und Risiken auftritt, die bei der Planung meist noch nicht berücksichtigt werden können, weil sie nicht bekannt sind. Deshalb muss das Startkapital durch einen Risikozuschlag erhöht werden. Entsprechende Liquiditätsreserven müssen daher in jedem Falle als „Liquiditätspolster" mit einkalkuliert werden.

Fazit: Startkapital muss stets in einer Größenordnung verfügbar sein, das es erlaubt, die Anlaufverluste zu decken, um problemlos die Gewinnschwelle zu erreichen.

Danach ermitteln Sie aufgrund der eigenen Kostensituation den betriebsnotwendigen Mindestumsatz, also die Umsatzhöhe, die durch die Gewinnschwelle markiert wird und daher unbedingt erforderlich ist, um alle laufenden Kosten zu decken. Der langfristig notwendige Mindestumsatz wird also auf der Basis der veranschlagten Betriebskosten bei Erreichen der Gewinnschwelle ermittelt.

5.1.1 Die notwendigen Investitionen

Die Teile des Startkapitals, die Sie für Investitionen verwenden wollen, z. B. für den Kauf von Grundstücken, Gebäuden, Maschinen, Fahrzeugen, Büro- und Geschäftsausstattung, erstes Rohstoff- oder Warenlager usw. werden in der Finanzplanung gesondert ausgewiesen, weil die Investitionssumme Grundlage für die Förderung nach dem Eigenkapitalhilfeprogramm ist. Die dafür benötigten Finanzmittel umfassen aber nicht nur die Anschaffungskosten für Maschinen usw., sondern auch Transport und Montage. Ebenso sind neben Grunderwerbsteuer, Notarkosten und Gebühren auch eventuell noch notwendige Umbau- oder Erweiterungskosten zu veranschlagen.

Checkliste für Investitionsgüter

Ist es sinnvoll, die Betriebsräume neu zu bauen, zu kaufen, zu mieten oder zu leasen?

○ Kauf   ○ Miete   ○ Leasing   ○ Neubau

Ist bei **Kauf** Kaufpreisrente oder Ratenzahlung möglich, sind Hypotheken, Darlehen usw. zu erschwinglichen Bedingungen zu erhalten? Liegen Vergleichsangebote vor?

○ Rentenbasis ○ Ratenzahlung ○ Hypotheken ○ Darlehen ○ Sonstiges

Bei **Miete:** Hat in diesen Räumen vorher ein ähnlicher Betrieb gearbeitet? Sind also umfangreiche bauliche Veränderungen erforderlich?

○ Artfremde Nutzung   ○ Ähnliche Nutzung

Ist im Grundbuch oder Handelsregister nachgesehen und festgestellt worden, wer zum Vertragsabschluss berechtigt ist?

○ Grundbuch wurde eingesehen   ○ Grundbuch noch nicht eingesehen

Haben Sie den Bebauungsplan und/oder den Flächennutzungsplan eingesehen?

○ Bebauungsplan wurde eingesehen   ○ Bebauungsplan noch nicht eingesehen

Darf am gewünschten Standort das beabsichtigte Gewerbe ausgeübt werden?

○ Darf ausgeübt werden   ○ Planungsrechtliche Fragen müssen geklärt werden

Welche Auflagen bestehen seitens des Gewerbeaufsichtsamtes?
Sind besondere Vorkehrungen für Umwelt- und Arbeitsschutz erforderlich?

○ nicht erforderlich   ○ erforderlich   ○ muss noch geprüft werden

Wenn ja, welche? _____

Wie viele Freiflächen und Parkplätze werden benötigt?

Anzahl Parkplätze: _____   insgesamt _____ qm

Notwendige Freiflächen: _____   insgesamt _____ qm

Welche Zufahrtsmöglichkeiten für LKW, Lieferwagen und PKW sind erforderlich bzw. müssen gebaut werden?

Schlüsselfaktor: Investitionen											
Bitte bewerten Sie durch Ankreuzen:	nein					bedingt					ja
Ist die Investitionsrechnung inhaltlich vollständig und fachgerecht überprüft?	-5	-4	-3	-2	-1	0	+1	+2	+3	+4	+5

5.1.2 Der Betriebsmittelbedarf

Betriebsmittel benötigen Sie, um Ihr Gründungsvorhaben zu starten und die Verlustzone bis zur Gewinnschwelle von ihren laufenden Kosten her durchzustehen. Unterschätzen Sie nicht den hierfür notwendigen Betriebsmittelbedarf, denn ein Teil dieser Mittel wird fast unbemerkt in Form von Kapitalbindungen in Ihrem Unternehmen verschwinden und dort auch permanent bereitstehen müssen. So benötigen Sie Mittel für die Umsatzfinanzierung, damit Sie den Zeitraum zwischen der Bezahlung Ihrer Lieferantenrechnungen und dem Zahlungseingang Ihrer Kundenrechnungen überbrücken können. Weiterhin ist ein Kassenbestand in gewisser Höhe erforderlich, um das Tagesgeschäft abwickeln zu können. Sie sind bei manchen Aufträgen aber auch gezwungen, in Vorleistung zu treten, weil dies branchenüblich ist oder Sie noch einen Konkurrenzvorsprung einholen müssen. Äußerst wichtig ist auch die Berücksichtigung der Kapitalbindung, die durch den Aufbau Ihres Lagers, Ihrer Verkaufsräume usw. mit Rohmaterial, Handelswaren und Fertigprodukten entsteht. Hier findet eine schleichende Kapitalbindung statt, die um so mehr Betriebsmittel verlangt, je schneller Ihr Unternehmen nach dem Start wächst. Bei einer Verdoppelung des Umsatzes brauchen Sie zwangsläufig auch einen entsprechend größeren Lagerbestand, der zusätzliches Kapital bindet.

Ein weiterer wichtiger Punkt bei der Ausgabenplanung sind die Kosten für Ihre eigene Lebenshaltung. Erfassen Sie dazu auch jene Ausgaben, die Sie zur Deckung der Lebenshaltung für sich und Ihre Familie erwirtschaften müssen. Hierhin gehören alle Privatentnahmen und das Gehalt, das Sie sich selbst z. B. als Geschäftsführer zugestehen, aber auch Ihre Altersversorgung, Sozialversicherungsbeiträge usw.

Bei der Berechnung der notwendigen Finanzmittel für das Umlaufvermögen sind also Mittel zu berücksichtigen für:

- die Einrichtung eines Rohmateriallagers
- das Fertigteilelager inklusive der Handelswaren
- die Ausstattung der Verkaufsräume mit Ware
- gewisse Barbestände für die Kasse, aber auch notwendige Bankguthaben
- die Privatentnahmen zur Deckung Ihrer Lebenshaltungskosten
- ein bestimmter Betrag für Eröffnungswerbung
- gründungsspezifische Ausgaben (Notar, Genehmigung, Beratung).

Schlüsselfaktor: Betriebsmittel											
Bitte bewerten Sie durch Ankreuzen:	nein					bedingt					ja
Liegt die Höhe Ihres Betriebsmittel-Bedarfs im branchenüblichen Rahmen?	-5	-4	-3	-2	-1	0	+1	+2	+3	+4	+5

Letztlich ist im Punkt Startkapital zu prüfen, ob die Kapitalbasis für den Start Ihres Gründungsvorhabens hinreichend tragfähig ist, denn die richtige Einschätzung der notwendigen Finanzmittel ist von immenser Bedeutung für Ihren unternehmerischen Erfolg. Nichts ist schlimmer, als wenn Ihnen gerade in dem Moment das Geld ausgeht, wo Ihr Unternehmen den alles entscheidenden Sprung nach vorne machen könnte.

Wir wollen daher im Zug unserer Prüfroutine zunächst grob überschlagen, ob der Rahmen für das Startkapital richtig dimensioniert ist. Das geht in diesem frühen Stadium am besten auf dem Weg erster Schätzungen, die allerdings so detailliert und so umfassend wie nur irgend möglich sein sollten.

1. Grundstücke (Kaufpreis, Erschließung, Nebenk.) _____ EUR
2. Gebäude (Kaufsumme, Umbaukosten usw.) _____ EUR
3. Maschinen (Kaufpreis, Transport, Montage) _____ EUR
4. Betriebs- und Geschäftsausstattung _____ EUR
5. Fahrzeuge und Transportmittel _____ EUR
6. Sonstige Anlagegüter _____ EUR
7. Summe Anlagegüter (1-6) _____ EUR
8. Erstes Waren- bzw. Materiallager _____ EUR
9. Summe Investitionen (7-8) _____ EUR
10. Mittel für die Umsatzfinanzierung _____ EUR
11. Laufende Ausgaben _____ EUR
12. Mittel für die eigene Lebenshaltung _____ EUR
13. Summe Anlaufkosten (10+11+12) _____ EUR
14. Summe notwendiges Startkapital (9+13) _____ EUR

Schlüsselfaktor: Startkapital											
Bitte bewerten Sie durch Ankreuzen:	nein					bedingt					ja
Haben Sie die Höhe des Startkapitals genau ermittelt und überprüfen lassen?	-5	-4	-3	-2	-1	0	+1	+2	+3	+4	+5

5.2 Die Bereitstellung der notwendigen Finanzmittel

Nachdem wir festgestellt haben, wofür wieviel Geld benötigt wird, geht es nun um die Bereitstellung der für eine erfolgreiche Gründung erforderlichen Finanzmittel und die Frage, wie diese Mittel beschafft werden sollen. Wichtigster Punkt ist dabei zunächst einmal das Eigenkapital, vor allem aber die Höhe der haftenden Eigenmittel.

Eigene Mittel können sowohl Ersparnisse als auch Vermögenswerte sein. Interessant ist es aber auch, wenn Finanzmittel als Beteiligungskapital von Freunden oder Verwandten bereitgestellt werden. Darüber hinaus können auch fremde Teilhaber haftendes Kapital zur Verfügung stellen, das zur Erhöhung der Eigenkapitalbasis beiträgt.

Die staatliche Eigenkapitalhilfe, die zur Förderung von Existenzgründungen gewährt wird, wirkt hier ähnlich wie haftendes Eigenkapital. Beachten Sie aber, dass diese Mittel nur Eigenkapitalfunktionen (**z. B. Haftung**) übernehmen, tatsächlich aber wie ein Kredit mit Zinsen zurückgezahlt werden müssen.

5.2.1 Eigenkapital

Bei der Beschaffung des notwendigen Eigenkapitals sollten Sie folgende Quellen prüfen:

1. Eigene Mittel, Ersparnisse und Vermögenswerte _____ EUR
2. Beteiligungen von Freunden und Verwandten _____ EUR
3. Tätige Teilhaber mit haftendem Kapital _____ EUR
4. Mittel von Kapitalbeteiligungsgesellschaften _____ EUR
5. Lebensversicherung _____ EUR
6. Venture-Capital _____ EUR
7. Wertpapiere _____ EUR
8. Sonstige Vermögenswerte _____ EUR
9. **Summe Eigenkapital** (1-8) _____ EUR
10. Eigenkapitalhilfe (**Bedingtes Eigenkapital**) _____ EUR
11. Sonstige Mittel mit Eigenkapital-Charakter _____ EUR
12. **Summe Eigenmittel** (9-11) _____ EUR

Schlüsselfaktor: Eigenkapital											
Bitte bewerten Sie durch Ankreuzen:	nein					bedingt					ja
Beträgt die Summe des Eigenkapitals mindestens 15% der Investitionssumme?	-5	-4	-3	-2	-1	0	+1	+2	+3	+4	+5

5.2.2 Fremdkapital

Von den vielen Möglichkeiten der Beschaffung von Fremdmitteln sollen hier nur die wesentlichen herausgegriffen und kurz diskutiert werden. Da ist zunächst einmal das Darlehen, welches im Wesentlichen zur Finanzierung der Investitionen verwandt werden sollte. Was die Herkunft der Fremdmittel anbelangt, so sollte bedacht werden, dass Darlehen von Verwandten oder Bekannten nicht selten günstiger und unkomplizierter zu erhalten sind als von Kreditinstituten. Prüfen Sie deshalb vorab, ob eine solche Finanzierungsmöglichkeit besteht. Stehen Verwandte oder Bekannte als Kreditgeber nicht zur Verfügung, so müssen Sie sich an ein Kreditinstitut wenden. Da die Konditionen der Kreditinstitute häufig voneinander abweichen, sollten Vergleiche angestellt werden. Vor jeder Kreditverhandlung sollten Sie Klarheit darüber haben, welche Sicherheiten Sie anbieten können, denn die Darlehensbesicherung stellt in vielen Fällen für den Existenzgründer ein zentrales Problem dar, da er häufig kaum ausreichende dingliche Sicherheiten zur Verfügung hat und seine Geschäftsidee von den meisten Banken kaum als Grundlage für eine Finanzierung akzeptiert wird.

Im Folgenden sollen die beiden wichtigsten Finanzierungsformen für das Umlaufvermögen kurz erläutert werden. Dabei stehen der Kontokorrentkredit und der Lieferantenkredit im Vordergrund.

Darlehen von Kreditinstituten	_____ EUR
ERP-Existenzgründungsdarlehen	_____ EUR
Sonstige öffentliche Darlehen	_____ EUR
Kontokorrentkredit	_____ EUR
Lieferantenkredite	_____ EUR
Sonstige Fremdmittel	_____ EUR
Summe Fremdmittel	_____ EUR

Bei der Aushandlung eines **Kontokorrentkredits** gilt es, auf die Kreditlinie zu achten. Diese darf einerseits nicht zu eng ausgelegt sein, andererseits aber auch keine unangemessen hohen Kosten verursachen.

Lieferantenkredite werden von unerfahrenen Existenzgründern gerne in Anspruch genommen, da sie ohne jegliche Formalitäten bewilligt werden, in der Regel keine Sicherheiten erfordern und es daher sehr leicht machen, die Produktion bis zum Eingang der Kundenzahlungen zu forcieren. Viele glauben, ohne Lieferantenkredite das Warenlager nicht finanzieren zu können und werden sich leider nicht der hohen Kosten dieser Kredite bewusst: Ein Verzicht auf den Skontoabzug kann leicht einen zweistelligen Kreditzins ausmachen.

Zur Beschaffung des Fremdkapitals sollten Sie versuchen, folgende Quellen zu erschließen:

1. Privatdarlehn von Verwandten und Bekannten.
2. Lieferanten-Darlehen (bei Gaststätten z. B. von Brauereien und Automatenaufstellern).
3. Darlehen von Kreditinstituten.

Schlüsselfaktor: Fremdkapital											
Bitte bewerten Sie durch Ankreuzen:	nein					bedingt					ja
Beträgt das benötigte Fremdkapital weniger als 60% des Startkapitals?	-5	-4	-3	-2	-1	0	+1	+2	+3	+4	+5

5.2.3 Fördermittel

Bund, Länder und Kommunen helfen seit vielen Jahren durch eine Vielzahl von Förderprogrammen die finanziellen Hemmnisse bei Unternehmensgründungen zu mindern. Die Zahl der Programme ist inzwischen so stark angewachsen, dass mancher Existenzgründer Gefahr läuft, „vor lauter Bäumen den Wald nicht mehr zu sehen". Es müssen die unterschiedlichsten Antragswege beschritten und die verschiedensten Richtlinien beachtet werden. Im Folgenden sollten die wichtigsten Förderprogramme des Bundes für Existenzgründer nur kurz dargestellt werden. Bei weiteren Fragen wenden sie sich bitte an Ihren RKW-Berater.

EKH-Eigenkapitalhilfeprogramm	Eigenkapitalähnliche Darlehen sollen die Finanzierung von Existenzgründungen und Wachstumsinvestitionen bei geringem Eigenkapital möglich machen (keine Sicherheiten).
ERP-Existenzgründungsdarlehen	Gründungs- und Wachstumsinvestitionen werden mit günstigen Darlehen (niedriger Zinssatz, lange Laufzeit) finanziert.
KfW-Existenzgründungsdarlehen	Langfristige, günstige Darlehenskonditionen sollen die Investitionen kalkulierbar machen.
BfA-Existenzgründungszuschuss	Die Bundesagentur für Arbeit fördert die Aufnahme einer selbständigen Tätigkeit nach § 55a Arbeitsförderungsgesetz (AFG) – Überbrückungsgeld, Ich-AG.

Schlüsselfaktor: Fördermittel											
Bitte bewerten Sie durch Ankreuzen:	nein					bedingt					ja
Sind alle Möglichkeiten der öffentlichen Gründungsförderung ausgeschöpft worden?	-5	-4	-3	-2	-1	0	+1	+2	+3	+4	+5

Beispiel für eine ausgewogene Finanzierung:

Kapitalbedarf (für Investitionen)	100 000 EUR
Eigenkapital	20 000 EUR
Öffentliche Finanzierungshilfen	50 000 EUR
Bankdarlehen	30 000 EUR
Gesamtfinanzierung	100 000 EUR

5.3 Die Überprüfung der finanziellen Basis

Die Tragfähigkeit Ihrer Finanzierung – Der Pretest für die Bank

Wofür brauchen Sie wieviel Geld?

- Wieviel Startkapital wird benötigt? _____ EUR
- Wie hoch ist der Investitionsrahmen? _____ EUR
- Wie hoch sind die Anlaufverluste? _____ EUR
- Wieviel Geld erfordert die Lebenshaltung? _____ EUR

Woher kommt das notwendige Startkapital?

- Wieviel Eigenkapital können Sie aufbringen? _____ EUR
- Wieviel Fördermittel können mit einfließen? _____ EUR
- Wieviel Bankkredite usw. brauchen Sie? _____ EUR
- Wieviel Sicherheiten sind hierzu erforderlich? _____ EUR

5.3.1 Kapitaldeckungsgrade

Haftende Eigenmittel	_____ EUR
Fremdmittel	_____ EUR
Gesamtkapital	_____ EUR

1. Betriebsnotwendige Investitionen _____ EUR
2. Mittel für die Umsatzfinanzierung _____ EUR
3. Mittel für die eigene Lebenshaltung _____ EUR
4. Sonstige notwendige Mittel _____ EUR
5. Erforderliches Startkapital (1+2+3+4) _____ EUR
6. Aufzubringendes Gesamtkapital _____ EUR

Überdeckung / Unterdeckung (6-5)   ============ EUR

Schlüsselfaktor: Kapitaldeckung											
Bitte bewerten Sie durch Ankreuzen:		nein				bedingt					ja
Haben Sie soviel Finanzmittel verfügbar, wie Sie für Ihr Startkapital benötigen?	-5	-4	-3	-2	-1	0	+1	+2	+3	+4	+5

5.3.2 Sicherungswerte

Besitzen Sie beleihungsfähige Objekte?

	Heutiger Verkehrswert	Derzeitige Belastung	Verfügbarer Beleihungswert
Immobilien	_____ EUR	_____ EUR	_____ EUR
Bausparverträge	_____ EUR	_____ EUR	_____ EUR
Wertpapiere	_____ EUR	_____ EUR	_____ EUR
Sonst. Vermögen	_____ EUR	_____ EUR	_____ EUR
Summen	===== EUR	===== EUR	===== EUR

Beleihungswerte aus Immobilien usw. _____ EUR
Private Bürgschaften _____ EUR
Öffentliche Bürgschaften _____ EUR
Kreditgarantiegemeinschaft _____ EUR
Sonstige beleihungsfähige Objekte _____ EUR

Summe der Sicherungswerte ======== EUR

1. Haftendes Kapital _____ EUR
2. Summe Sicherungswerte _____ EUR
3. Summe (1+2) _____ EUR
4. Fremdmittel _____ EUR

Überdeckung / Unterdeckung (3-4)   ============ EUR

Schlüsselfaktor: Sicherheiten											
Bitte bewerten Sie durch Ankreuzen:	nein					bedingt					ja
Sind Sie in der Lage, Sicherheiten in Höhe des Fremdkapitals bereitzustellen?	-5	-4	-3	-2	-1	0	+1	+2	+3	+4	+5

Schlüsselfaktor: Finanzreserven											
Bitte bewerten Sie durch Ankreuzen:	nein					bedingt					ja
Verfügen Sie über finanzielle Reserven von mindesten 5% des Umsatzes?	-5	-4	-3	-2	-1	0	+1	+2	+3	+4	+5

6 Abschlusstest

6.1 Der erste Testlauf vor dem Ausstieg zum Einstieg

Der nun folgende Abschlusstest knüpft inhaltlich wie methodisch eng an die vorangegangenen Kapitel an. Es geht also um die Überprüfung der „Statik" Ihres „Bauwerks", bei der wir versuchen wollen festzustellen, ob die wichtigsten Säulen Ihres Gründungskonzeptes tragfähig sind, d.h., ob Sie als Person das Zeug zum Unternehmer besitzen, ob die Marktfähigkeit Ihrer Produkte gewährleistet ist und ob Ihre Finanzierung eine Umsetzung ohne gravierende Finanzlücken erlaubt.

Zur Überprüfung der Tragfähigkeit Ihrer Finanzierung ist dieser erste Testlauf vor allem notwendig, damit Sie schon frühzeitig die deathline Ihres Unternehmens erkennen. Dabei markieren Mindestumsatz, Liquidität, Gewinnschwelle und Rentabilität die Todeslinie für jedes Unternehmen. Erkennen Sie also drohende Liquiditätsengpässe und Erfolgsdefizite so frühzeitig, dass sie noch rechtzeitig vor dem Start beseitigt werden können.

6.2 Die Prüfkriterien für den Erfolg

Die Überprüfung der Tragfähigkeit Ihrer Konzeption sollte darüber hinaus aber auch eine Prognose der Erfolgsaussichten Ihres Vorhaben ermöglichen. Bevor man also viel Geld in den Unternehmensaufbau steckt, sollte man die Überlebensfähigkeit des Unternehmens in den ersten drei Jahren feststellen, und zwar ob:

- der betriebsnotwendige Mindestumsatz zu erreichen ist,
- immer genügend Liquiditätsreserven vorhanden sind,
- bzw. wann die Gewinnschwelle überschritten wird,
- die Höhe der Rentabilität zufriedenstellend ist?

6.2.1 Mindestumsatz und Liquiditätsreserven

⇨ **Mindestumsatz** – Die Grenzmarkierung am Scheideweg zwischen Vollexistenz und Kümmerexistenz oder die Break-even-Analyse am „Point of no Return"

⇨ **Liquidität** – Die deathline Ihrer Existenz, ist die Liquidität mittelfristig gesichert? – Sind Sie stets jenseits der Todeslinie?

6.2.2 Gewinnschwelle und Rentabilität

⇨ **Gewinnschwelle** – Die Prüfmarkierung am Break-even-Point
Der Übergang von der Verlustzone in die Gewinnzone.

⇨ **Rentabilität** – Das Gesundheitsbarometer Ihres Unternehmens.
Unterm Strich stets schwarze Zahlen, denn nur gesunde Vorhaben rechnen sich.

6.3 Ihr Unternehmen auf dem Prüfstand

Eine Erfolgsprognose durch Auswertung der Schlüsselfaktoren.

Wir haben uns in den vergangenen Kapiteln ausführlich mit der Tragfähigkeit Ihrer Ausgangssituation für eine erfolgversprechende Existenzgründung beschäftigt. Jetzt ist es an der Zeit, die Ergebnisse auszuwerten. Nun kommt die Stunde der Wahrheit. Es stellt sich die Frage, ob auf dieser Basis eine Gründung überhaupt möglich ist, bzw. Ihre Erwartungen erfüllt.

Dazu wollen wir in einem ersten Schritt alle Einzelergebnisse der Kriterienbewertung in die nachfolgenden Tabellen übertragen. Zeichnen Sie dazu einfach die Punktbewertungen in die Stärken- und Schwächentabelle ein und verbinden Sie die Punkte zu einer Profillinie. Die Zahlen in Klammern hinter den Bewertungskriterien sind die Gewichtungen, das heißt, es sind Werte, die die Bedeutung des jeweiligen Faktors im Gesamtkonzept wiedergeben. In der unteren Tabelle werden anschließend die Punktwerte als Zahlen eingetragen. Diese Zahlen werden dann mit den Gewichtungsfaktoren multipliziert, und Sie erhalten den Wert des Anforderungskriteriums in der Summenspalte. Addiert man nun die Einzelwerte zu Blockwerten und diese wiederum zu Gesamtwerten, so erhält man in der letzten Zeile eine Kennziffer, die die Bewertung des jeweiligen Fähigkeitsprofils widerspiegelt.

6.3.1 Fähigkeitsprofil: PERSON

Schlüsselfaktoren			Schwächen						Stärken					
Bewertungskriterien		Gewicht	-5	-4	-3	-2	-1	0	+1	+2	+3	+4	+5
Grund-satz-fragen	Gründungsidee	(3)								●				
	Stärken/Schwächen	(4)							●		Beispiel			
	Realitätsnähe	(2)								●				
Untern. Profil-werte	Anforderungsprofil	(3)							●					
	Persönlichkeitsprofil	(3)									●			
	Erfolgsprofil	(4)							●					
Sozial-verträg-lichkeit	Partnermotivation	(3)										●		
	Häusliche Anpassung	(2)					●							
	Umfeldatmosphäre	(1)							●					

Schlüsselfaktoren	Beispiel			Ihre Werte		
	Punkte	Gewicht	Summe	Punkte	Gewicht	Summe
Gründungsidee	1,6	3	4,8			
Stärken/Schwächen	1,1	4	4,4			
Realitätsnähe	2,2	2	4,4			
Grundsatzfragen			13,6			
Anforderungsprofil	1,4	3	4,2			
Persönlichkeitsprofil	2,6	3	7,8			
Erfolgsprofil	1,3	4	5,2			
Unternehmerprofil			17,2			
Partnermotivation	2,9	3	8,7			
Häusliche Anpassung	0,4	2	0,8			
Umfeldatmosphäre	1,6	1	1,6			
Sozialverträglichkeit			11,1			
Fähigkeitsbewertung: PERSON			41,9			

6.3.2 Fähigkeitsprofil: MARKT

Schlüsselfaktoren			Schwächen						Stärken					
Bewertungskriterien		Gewicht	-5	-4	-3	-2	-1	0	+1	+2	+3	+4	+5
Die Marktnische	Marktuntergrenze	(2)							●				
	Marktobergrenze	(2)							●				
	Marktlücke	(1)								●			
Leistungsspektrum	Mangel	(2)					●						
	Kundennutzen	(3)									●		
	Kaufkraft	(4)							●				
Ertragspotential	Produktidee	(1)									●		
	Bedarfsstruktur	(3)							●				
	Konkurrenzsituation	(2)								●			

Beispiel

Schlüsselfaktoren	Beispiel			Ihre Werte		
	Punkte	Gewicht	Summe	Punkte	Gewicht	Summe
Marktuntergrenze	1,2	2	2,4			
Marktobergrenze	0,7	2	1,4			
Marktlücke	2,2	1	2,2			
Die Marktnische			**6,0**			
Mangel	-1,2	2	-2,4			
Kundennutzen	3,2	3	9,6			
Kaufkraft	1,4	4	5,6			
Das Leistungsspektrum			**12,8**			
Produktidee	2,9	1	2,9			
Bedarfsstruktur	0,8	3	2,4			
Konkurrenzsituation	2,1	2	4,2			
Die Ertragspotentiale			**9,5**			
Fähigkeitsbewertung: Markt			**28,3**			

6.3.3 Fähigkeitsprofil: GELD

Schlüsselfaktoren			Schwächen						Stärken					
Bewertungskriterien		Gewicht	-5	-4	-3	-2	-1	0	+1	+2	+3	+4	+5
Mittel-verwen-dung	Investitionen	(3)							•				
	Betriebsmittel	(2)								•		Beispiel		
	Startkapital	(5)						•					
Mittel-herkunft	Eigenkapital	(3)								•			
	Fremdkapital	(4)							•				
	Fördermittel	(4)										•	
Kredit-würdig-keit	Kapitaldeckung	(3)							•				
	Sicherheiten	(2)								•			
	Finanzreserven	(4)						•					

Schlüsselfaktoren	Beispiel			Ihre Werte		
	Punkte	Gewicht	Summe	Punkte	Gewicht	Summe
Investitionen	1,1	3	3,3			
Betriebsmittel	1,6	2	3,2			
Startkapital	0,2	5	1,0			
Kapitalbedarf			**7,5**			
Eigenkapital	1,2	3	3,6			
Fremdkapital	1,1	4	4,4			
Fördermittel	3,2	4	12,8			
Finanzierbarkeit			**12,8**			
Kapitaldeckung	1,3	3	3,9			
Sicherheiten	1,9	2	3,8			
Finanzreserven	0,6	4	2,4			
Kreditwürdigkeit			**10,1**			
Fähigkeitsbewertung: GELD			**38,4**			

Übertragen Sie jetzt die Punktebewertung der einzelnen Fähigkeitsprofile in die untenstehende Benotungstabelle. Da in jeder Kategorie maximal 75 Punkte erreichbar sind, erhalten Sie die zugehörige Note, indem Sie rechnen: 75 geteilt durch die jeweils links daneben stehende Punktzahl. In der letzten Zeile errechnen Sie dann aus der Summe der Einzelwerte den Durchschnittswert für die Punkte und die Durchschnittsnote (Werte für Person, Markt und Finanzierung geteilt durch drei).

Auf diese Weise werden alle Profilwerte zu einem Diagnoseergebnis zusammengefasst, und Sie können nun für jedes der drei Kriterien Ihre Bewertung selbst ablesen, wobei die Noten wie Schulnoten zu verstehen sind. Die beste Note ist (1) „sehr gut" für eine exzellente Ausgangssituation. Dann sollten Sie unverzüglich weitermachen. Die Note (5) „mangelhaft" sollte Sie dazu veranlassen, Ihr Vorhaben nochmals gründlich zu überdenken und gegebenenfalls von Grund auf neu zu strukturieren. Die schlechteste Note (6) „ungenügend" bedeutet den unverzüglichen Abbruch aller weiteren Vorbereitungsarbeiten, die Ausgangssituation ist für eine Existenzgründung nicht tragfähig.

Praktisch bedeutet dies für Ihre Gründungsentscheidung, dass Ihr Profilwert mindestens die Note ausreichend (4) erhalten muss, damit Sie weitermachen können.

Punktebewertung und Benotung:

76 bis 100   Punkte   =   sehr gut

51 bis 75   Punkte   =   gut

26 bis 50   Punkte   =   befriedigend

0 bis 25   Punkte   =   ausreichend

-1 bis −50   Punkte   =   mangelhaft

-50 bis −100   Punkte   =   ungenügend

Benotungstabelle	Beispiel		Ihre Werte	
	Punkte	Note	Punkte	Note
Unternehmereignung Ihrer Person	41,9	1,8		
Marktfähigkeit Ihrer Produkte	28,3	2,7		
Tragfähigkeit Ihrer Finanzierung	38,4	2,0		
Durchschnittswert	**36,0**	**2,1**		

Die Ihnen jetzt vorliegenden Diagnoseergebnisse für die voraussichtlichen Erfolgsaussichten Ihres Gründungsvorhabens bilden nun eine erste wichtige Grundlage für Ihren Start. Sie haben sicher festgestellt, dass dabei die Anforderungskriterien eine entscheidende Rolle für Ihre Startfähigkeit spielen. Bedenken Sie aber stets, dass dies alles nur grobe

Hilfsmittel für eine möglichst erfolgversprechende Existenzgründung sein können, um Gründungsfehler zu vermeiden. Die richtige „Feinjustierung" Ihrer „Stellschrauben" müssen Sie selbstverständlich vor dem individuellen Hintergrund Ihrer persönlichen Ausgangslage selbst vornehmen. Hier ist insbesondere das wirkungsvolle Zusammenspiel aller Anforderungskriterien von Bedeutung, das heißt, der Mix und das Timing müssen stimmen.

An einem Beispiel wollen wir dies kurz erläutern: Wenn der Konditor die Torte für Ihre Geschäftseröffnung zubereitet und dabei alle im Rezept beschriebenen Zutaten in gleicher Menge und zur gleichen Zeit nehmen wollte, wäre die Torte ungenießbar. Genauso ist es mit dem richtigen Mix an Anforderungskriterien. Wenn hier keine geeignete Auswahl, Gewichtung und Dringlichkeitsfolge eingehalten werden, dann wird auch Ihre Unternehmenstorte keine Meisterleistung werden.

| **Niemand ist so reich, dass er nicht durch eine falsche Entscheidung arm werden könnte.** |

Sie haben Ihr „Handwerkszeug" nun kennen gelernt: Jetzt geht es darum, mit diesen Werkzeugen auch in geeigneter Weise umzugehen. Daher wollen wir im letzten Kapitel den richtigen Umgang mit Schlüssel- und Erfolgsfaktoren trainieren und Sie anschließend auf Ihre Gründungsentscheidung vorbereiten.

6.4 Die Gründungsentscheidung am Point of no Return

Die Prüfphase zieht sich in der Regel bis zu einem bestimmten Prüfpunkt hin, den man als **Point of no Return** bezeichnet. Ein Punkt, an dem es kein Zurück mehr ohne gravierende Verluste gibt. Dieser Punkt markiert gleichzeitig auch das Ende unseres Härtetests zur Überprüfung Ihrer Gründungskonzeption auf Tragfähigkeit, denn ab diesem Punkt geht Ihr Gründungsvorhaben in die Realisierungsphase über. Von hier an kostet das Ganze schon eine Menge Geld. Es sind Geschäftsräume anzumieten, die notwendigen Umbau- und Renovierungskosten fallen an, die Geschäftseinrichtung muss beschafft werden, Mitarbeiter sind einzustellen und einzuarbeiten und all jene Vorbereitungsarbeiten sind durchzuführen, die bis zur Geschäftseröffnung nicht nur bewältigt, sondern auch finanziert sein müssen.

Vor diesem Hintergrund haben wir in den vorangegangenen Abschnitten versucht, Ihnen durch eine gründliche Entscheidungsvorbereitung die wichtigsten Fragen der Existenzgründung zur Überprüfung Ihres Konzeptes und zur Vorbereitung Ihrer Gründungsentscheidung deutlich vor Augen zu führen. Kommen Sie nach unserem Härtetest zu der Überzeugung, dass Ihr Vorhaben in allen Prüfpunkten „bestanden" hat, steht Ihrer Entscheidung für die Selbständigkeit eigentlich nichts mehr im Wege, und Sie können Ihr Konzept in die Praxis umsetzen. Wenn sie jedoch aus irgendeinem Grunde eine endgültige Festlegung scheuen und mit dem bisherigen Ergebnis noch nicht ganz zufrieden sind oder noch irgendwelche Zweifel hegen, sollten Sie Ihre Entscheidung noch etwas hinauszögern.

Sehr häufig werden in der Praxis die ersten Gründungsideen wieder verworfen, und es kommen nach intensiven Recherchen auf besserem Informationsstand auch bessere Gründungskonzepte zustande. Es kann daher nicht schaden, wenn Sie im Zweifelsfalle ein, zwei oder mehr Jahre Ihres Lebens mit solchen Analysen zubringen, dann aber die eine Entscheidung treffen, die Ihnen den Erfolg bringt, den Sie sich wünschen.

Beachten Sie dabei aber auch, dass es einerseits keine perfekte Gründungsidee und keine absolute Erfolgsgarantie gibt, denn kein Unternehmensprofil wird hundertprozentig zu Ihnen passen. Sie werden immer ein paar Kompromisse machen müssen. Außerdem gibt es für ein Problem meist mehr als eine Lösung. Andererseits ist man aber häufig froh, überhaupt eine Gründungsidee zu haben. Man arbeitet diese dann zunächst weiter aus und sucht nicht mehr so intensiv nach neuen Möglichkeiten. Auf diese Weise kommt dann leicht nur die zweit- oder gar drittbeste Lösung zum Zuge. Dies bedeutet, dass es bei einer Gründungsentscheidung nur selten um die allerbeste Entscheidung geht, sondern meist darum, den besten Kompromiss für eine gegebene Ausgangssituation zu finden. Daher sollten sie vor der endgültigen Entscheidung genügend Informationen und Erfahrungen auf breiter Basis sammeln, damit Sie eine optimale Gründungsentscheidung auf möglichst gesichertem Erkenntnisstand treffen können. Beschaffen Sie sich zusätzliche Informationen bei Fachverbänden, Kammern und Institutionen. Besuchen Sie neugegründete Unternehmen Ihrer Branche. Reden Sie mit Jungunternehmern über deren Erfahrungen mit der Selbständigkeit und besprechen Sie mit ihnen Ihre Zweifel offen und ehrlich. Der schon am Markt tätige Unternehmer kennt sein Geschäft aus nächster Nähe und wird Sie in Ihrer Zurückhaltung entweder bestätigen oder Sie zum Einstieg ermuntern.

Fragen Sie also möglichst viele Menschen mit den unterschiedlichsten Erfahrungen um Rat. Die Empfehlungen, die man Ihnen dabei gibt, sollten Sie aber stets an der Vorstellungswelt Ihres Gesprächspartners überprüfen. Die meisten Menschen gehen von Meinungen und nicht immer von Tatsachen aus. Meinungen sind aber oft instinktive Reaktionen. Daher sollten Sie die Meinung anderer stets an die Fakten überprüfen, damit der Einfluss von Sympathie und Antipathie möglichst weit reduziert wird. Wichtig ist also, dass Sie zuerst die Tatsachen sammeln, dann die Meinungen über die Tatsachen und nicht umgekehrt, denn es ist relativ einfach, zu bestimmten Meinungen auch die entsprechenden Fakten zu bekommen.

Haben Sie genügend Informationen gesammelt und daraus auch zusätzlich Erkenntnisse gewonnen, so wiederholen Sie das Auswahlverfahren und schicken Sie jede neue Variante solange auf den Prüfstand, bis Sie eine endgültige Entscheidung dafür oder dagegen treffen können.

Und am Ende Ihrer Entscheidungsfindung nochmals unsere eindringliche Bitte:
Prüfen Sie Ihr Gründungskonzept vor dem Überschreiten des **Point of no return** in allen Punkten kritisch unter Abwägung aller Vor- und Nachteile, denn mit Ihrer Gründungsentscheidung stellen Sie gleichzeitig auch die Weichen für Ihre berufliche Zukunft. Sein oder Nichtsein, Erfolg oder Misserfolg liegen jetzt eng beieinander.

Nachdem die Ergebnisse des Härtetest jetzt vorliegen, überprüfen Sie folgende Punkte:

1. Ihr zukünftiges Unternehmen muss zu Ihnen passen. Erfüllt es die meisten Ihrer Wünsche und Bedürfnisse aufgrund Ihrer Auswahlkriterien? Entspricht das Unternehmen vom Typ bis zur Produktidee Ihren ganz persönlichen Vorstellungen? Das fängt bei der Arbeit an, die Sie gerne tun möchten und die Sie beherrschen, und es hört auf bei einem Lebensstil, den Sie sich vorstellen. Besitzen Sie die Eigenschaften und Fähigkeiten, die dieses Unternehmen erfordert, oder können Sie sich das Notwendigste kurzfristig aneignen?

2. Ihre Gründungsidee muss Sie auch jetzt noch begeistern. Wenn Sie versuchen, Ihre Gründungsidee umzusetzen, werden Sie noch eine Menge an zusätzlicher Begeisterung, Energie und Zähigkeit aufbringen müssen, um diese Idee zum Erfolg zu führen.

3. Bereiten Sie Ihren Start in die unternehmerische Selbständigkeit mit allen verfügbaren Hilfsmitteln so gründlich vor wie nur eben möglich und überprüfen Sie Ihre Unterlagen nicht nur auf mögliche Fehlerquellen, sondern auch auf Realisierungschancen.

4. Besuchen Sie, wenn nur irgend möglich, ein begleitendes Gründerseminar zur Vorbereitung auf die Selbständigkeit. Broschüre und Seminar sind eine ideale Kombination zum Erlernen der neuen Fähigkeiten auf dem Weg zum Unternehmer.

5. Lassen Sie die Ergebnisse Ihrer Gründungsplanung, Ihr Gründungskonzept bzw. Ihren „Businessplan" von erfahrenen Fachleuten kritisch überprüfen. Dazu gehören unbedingt: Steuerberater, Rechtsanwalt und ein Gründungsexperte. Auch die Gründungsberater des RKW helfen Ihnen hierbei gerne. Bedenken Sie, rein statistisch scheitern ungeprüft rund die Hälfte aller Neugründungen, von den qualifiziert beratenen und geförderten Gründungen aber nur um die 10 Prozent. (Aussage der Deutschen Ausgleichbank, bzw. KfW)

6. Nehmen Sie die Beratungsförderung des Bundeswirtschaftsministeriums in Anspruch. Zur Zeit steht jedem Existenzgründer ein nicht rückzahlbarer Zuschuss für mehrere Beratungen zur Verfügung.

Letztlich sollten Sie als Endpunkt Ihrer Prüfroutine nochmals die Sozialverträglichkeit Ihres Vorhabens überprüfen. Was sagt Ihr (Ehe)Partner zu Ihren Gründungsabsichten, nachdem die Ergebnisse des Härtetests vorliegen? Wie steht die Familie dazu und wie wird sich die übrige Verwandtschaft verhalten? Erst wenn Sie sich vergewissert haben, dass Ihr Vorhabens auch jetzt noch durch den Rückhalt Ihrer Familie abgesichert ist, entscheiden Sie endgültig, ob Ihr Traum vom eigenen Unternehmen Wirklichkeit werden soll oder nicht.

Zum Schluss noch ein persönlicher Rat des Autors:

Die Tatsache, dass Sie später mit Ihrer Situation als selbständiger Unternehmer glücklich und zufrieden sind, sollte Ihnen stets wichtiger sein als der finanzielle Erfolg.

Nun liegt es an Ihnen: Fällen Sie die für Sie richtige Gründungsentscheidung - nicht im Bewusstsein der totalen Erfolgsgarantie, aber mit dem Gefühl, eine gute Chance zu haben.

> Der Schwache zweifelt vor der Entscheidung, der Starke hinterher!

Printed by Libri Plureos GmbH
in Hamburg, Germany